GUÍA COMPLETA DEL SAGITARIO

Todo lo que Querías Saber Sobre uno de los Signos del Zodiaco más Complejos

FRANCIS ROSHE

© Copyright 2021 – Francis Roshe - Todos los derechos reservados.

Este documento está orientado a proporcionar información exacta y confiable con respecto al tema tratado. La publicación se vende con la idea de que el editor no tiene la obligación de prestar servicios oficialmente autorizados o de otro modo calificados. Si es necesario un consejo legal o profesional, se debe consultar con un individuo practicado en la profesión.

- Tomado de una Declaración de Principios que fue aceptada y aprobada por unanimidad por un Comité del Colegio de Abogados de Estados Unidos y un Comité de Editores y Asociaciones.

De ninguna manera es legal reproducir, duplicar o transmitir cualquier parte de este documento en forma electrónica o impresa.

La grabación de esta publicación está estrictamente prohibida y no se permite el almacenamiento de este documento a menos que cuente con el permiso por escrito del editor. Todos los derechos reservados.

La información provista en este documento es considerada veraz y coherente, en el sentido de que cualquier responsabilidad, en términos de falta de atención o de otro tipo, por el uso o abuso de cualquier política, proceso o dirección contenida en el mismo, es responsabilidad absoluta y exclusiva del lector receptor. Bajo ninguna circunstancia se responsabilizará legalmente al editor por cualquier reparación, daño o pérdida monetaria como consecuencia de la información contenida en este documento, ya sea directa o indirectamente.

Los autores respectivos poseen todos los derechos de autor que no pertenecen al editor.

La información contenida en este documento se ofrece únicamente con fines informativos, y es universal como tal. La presentación de la información se realiza sin contrato y sin ningún tipo de garantía endosada.

El uso de marcas comerciales en este documento carece de consentimiento, y la publicación de la marca comercial no tiene ni el permiso ni el respaldo del propietario de la misma.

Todas las marcas comerciales dentro de este libro se usan solo para fines de aclaración y pertenecen a sus propietarios, quienes no están relacionados con este documento.

Índice

Introducción · vii

1. La lectura de una carta astral · 1
2. Conociendo a Sagitario · 17
3. Sagitario en los círculos sociales · 51
4. Fortalezas y debilidades de un Sagitario · 83
5. Sagitario de niño · 103
6. Sagitario en el amor · 117
7. Sagitario en Luna y Ascendente · 153
   Conclusión · 159

Introducción

El autoconocimiento es una de las metas más propias de un Sagitario. Si has llegado hasta este libro seguramente tendrás un par de dudas acerca de estos apasionados signos del zodiaco. Independientemente de si has venido por ser perteneciente a la novena casa, o por deseos de conocer un poco más a profundidad a estos interesantes seres celestiales, te aseguro que encontrarás una pequeña guía que te ayudará a navegar los misterios emocionales que pueden llegar a tener estos individuos.

En este libro, abordaremos algunos de los aspectos más importantes de la personalidad de los Sagitario y cómo estos se ven influenciados por su signo solar, lunar, y ascendente. Si estos términos te parecen un tanto ajenos no debes preocuparte, te guiaremos paso a paso a entender cómo funciona una carta astral y las consecuencias que la presencia de diferentes cuerpos celestes llega a tener sobre nuestra base personal.

Estas cualidades otorgadas por el universo pueden ayudar o perjudicar el camino de un Sagitario. Su entusiasmo, por ejemplo, puede terminar por ser agotador para la pareja con la que se encuentre, su franqueza puede confundirse por ofensa y entorpecer el camino a un ascenso, y su problema para comprometerse puede terminar por deshacer algunas de sus relaciones personales más importantes.

Por otro lado, estas características que hemos superficialmente mencionado durante esta introducción pueden resultar de gran beneficio para los individuos nacidos bajo este signo. El mismo entusiasmo que puede ser agotador para unos atraerá una gran cantidad de gente que los reconocerá por ello y, en el mejor de los casos, terminará por desarrollar una profunda y bonita amistad con ellos, su franqueza filtrará a todos aquellos que busquen aprovecharse o jugar juegos siniestros con su confianza, y al mismo tiempo alejará a los hipócritas que quieran mostrarles una cara distinta a la verdadera.

No solo la vida personal se ve impactada por estas cualidades propias de los Sagitario, sino que también llegan a abarcar e influir en su vida profesional, su vida infantil, y su vida romántica.

Introducción

A lo largo de este libro descubrirás cuáles son algunas de estas características principales que hemos estado mencionando, cómo se traducen en fortalezas y debilidades, y, por supuesto, cuál es la mejor forma de sobreponerte a algunas de esas situaciones que puedes encontrar difíciles hoy en día.

Por último, y antes de comenzar este ajetreado libro sobre los magníficos Sagitario, debes de estar consciente de un punto importante: Probablemente no te identifiques con el cien por ciento de lo mencionado en este libro. Esto no significa que esté incorrecto o que las lecturas astrales no sean influyentes en nosotros, sino que, antes que todo, somos individuos, y si es cierto que los astros pueden influir en características generales de nuestra personalidad, existen muchos otros factores que influyen en nuestro desarrollo personal. Teniendo esto en mente, mi sugerencia es que tomes lo que te sirva, y aquello que no lo dejes de lado. Al fin y al cabo, todo esto está escrito con la intención de ayudarte a mejorar esos aspectos de tu vida donde puedes estar cojeando.

1

La lectura de una carta astral

LAS ESTRELLAS OFRECEN CONOCIMIENTO ILIMITADO, y si hay alguien capaz de canalizar ese conocimiento y ponerlo al alcance de los humanos comunes son los astrólogos. Nuestros horóscopos pueden iluminar el camino que caminamos día a día, y ciertos fenómenos celestes pueden influenciar varios aspectos personales de diferentes maneras - el retorno de Saturno por ejemplo – y pueden ayudarnos a realizar cambios útiles en nuestras vidas. Pero, demos un paso para atrás, antes de dominar por completo el arte de utilizar las estrellas como guía existen un par de preguntas fundamentales que debemos de hacernos: ¿Cómo interpretar la locación y los movimientos de los planetas? ¿Cuál es la definición de tu signo zodiacal y cómo impactan los planetas en él?

. . .

Estas preguntas son fundamentales para entender los conceptos básicos de la lectura de una carta astral. Esta se refiere a la posición en la que se encontraban los planetas al momento de tu nacimiento. Un análisis de esta carta, también llamada carta natal, puede mostrar un profundo conocimiento acerca de tu personalidad, motivación y deseos.

La astrología y las estrellas

Los humanos han estudiado los cielos desde el principio de los tiempos. Hace miles de años, nuestros ancestros descubrieron fenómenos asombrosos cómo el poder de los eclipses y los cometas de corto alcance, y utilizaron las herramientas astrales como base para todo tipo de actividades desde ceremonias sagradas hasta la cosecha de sus cultivos. Las agrupaciones de estrellas distintivamente brillantes fueron consideradas "constelaciones", mientras que cuerpos celestes fijos fueron identificados como "planetas" y estos son algunos de los primeros registros de la luna, Mercurio, Venus, Marte, Júpiter y Saturno - conocidos como los planetas "clásicos"

Los antiguos babilonios crearon el Zodíaco dividiendo el cielo en doce secciones, cada una de estas identificada con el nombre de la constelación más importante y grande que contenía. El calendario del zodiaco es utilizado tanto para medir el tiempo como para realizar predicciones.

Los babilonios observaron que el movimiento de los planetas, llamado tránsito, concordaba con los eventos favorables y las desgracias que sucedían en la tierra.

La universidad de Swinburne señala que los romanos adoptaron el zodiaco al principio del primer siglo, expandiendo los roles de las estrellas y planetas a través de su mitología. Fue en esa mezcla de observación meticulosa y folklore épico que dio nacimiento a la astrología.

¿Qué simbolizan los planetas?

Aunque la astrología es un estudio diverso, complejo y altamente especializado, los principios básicos son sencillos: una carta astral es una captura instantánea del cielo en el momento de tu nacimiento. Esta carta revela la precisa ubicación de cada uno de los planetas y qué constelación ocupaban en el momento en que entraste al mundo, y toma en cuenta el día, el año, e incluso la hora del nacimiento.

. . .

En algunas cartas astrales todos los planetas están en la misma constelación; en otras, los planetas se encuentran extendidos ampliamente en el cielo y la persona suele recibir influencias de todas estas áreas. La distancia entre ellos es importante, ya que cada uno tiene su propia función. Cada planeta impacta de manera distinta dependiendo de su posición, lo cual vuelve a cada individuo único, es decir, incluso gemelos idénticos nacidos bajo el mismo signo sol pueden tener una variación en las cartas astrales si nacieron con unos minutos u horas de diferencia.

El sol

Cuando alguien te pregunta cuál es tu signo, lo sepan o no, te preguntan sobre la posición del sol en el momento de tu nacimiento. El signo solar es el más popular y que la mayoría de las personas conocen. Este cuerpo celeste simboliza nuestra esencia fundamental, representa nuestro ego, nuestra percepción personal, nuestra personalidad básica, y preferencias en general. El sol gobierna el signo zodiacal de Leo, el signo de fuego vivaz y dinámico que irradia valentía y teatralidad. Es el marco de referencia para el resto de los signos, ya que tarda casi un mes en transitar a través de los signos del zodiaco

La Luna

La atracción gravitacional de la luna regula el clima y las mareas oceánicas. En la astrología, la luna representa nuestro mundo de emociones internas. Mientras que el sol expone nuestras experiencias al mundo exterior, la luna simboliza todo lo que sucede debajo de la superficie, lo que atravesamos a puertas cerradas. Las vivencias, sueños, y pesares de nuestro ser más profundo y privado.

Esta representa el signo zodiacal de Cáncer, el sensible y protector signo de agua, que es apto para la crianza, la comodidad y la seguridad. La luna es el cuerpo celeste más veloz, le toma aproximadamente dos días y medio transitar un signo del zodiaco.

Mercurio

El más pequeño e íntimo planeta del sistema solar, Mercurio obtiene su nombre del dios romano encargado con la tarea de ser el mensajero de los dioses. En la astrología, simboliza la comunicación. Mientras que la luna refleja nuestras emociones, este planeta refleja lógica y racionalidad.

Mercurio utiliza su astuto intelecto e implacable curiosidad para analizar, ordenar, y clasificar los pensamientos turbulentos, ayudándonos a sintetizar y articular ideas complejas. Gobierna tanto el signo del aire: Géminis, como al de la tierra: Virgo, cada uno de estos signos representa un lado diferente de la expresión de Mercurio; el conversador Géminis representa la salida, mientras que el analítico Virgo representa la entrada. A Mercurio le toma entre 13 y 14 días transitar el signo zodiacal, y va en retorno 3 o 4 veces al año. Este infame retroceso trae consigo problemas de comunicación, necesidad de contacto con personas de tu pasado, y contratiempos en tus proyectos de viaje.

Venus

Nombrado en honor a la encantadora diosa romana, Venus, este planeta brillante representa belleza, amor y abundancia. La indulgente Venus es más feliz rodeada de lujos: vinos finos, baños extensos, y humectantes aromáticos se alinean con el espíritu venusino. Los gustos intelectuales de este planeta se reflejan en el interés por el arte y la cultura, mientras que su sensibilidad romántica revela una percepción idealizada del amor. Venus domina el símbolo de la tierra: Tauro, y el símbolo del aire: Libra, cada uno representando un lado diferente de la expresión de Venus.

Por un lado, el sensual Tauro es material, mientras que el coqueto Libra es intelectual. Le toma entre 4 y 5 semanas transitar el signo del zodiaco y tiene un retorno cada 18 meses. Durante su retroceso, trata de evitar grandes cambios de apariencia como hacerse un tatuaje o cirugía plástica.

Marte

El planeta rojo es conocido como El Guerrero del Zodiaco. Marte toma su nombre del dios Romano de la guerra, simbolizando así acción, determinación y agresión. Su espíritu apasionado a menudo se presenta cuando estamos en una carrera contra el tiempo para llegar a una fecha límite, o cuando corremos para alcanzar un vuelo, e incluso en una competencia por un nuevo trabajo. Marte es el fuego que nos alimenta, dando ese impulso de energía cargado de adrenalina que alimenta nuestros movimientos. También refleja nuestra pasión física y lujuria. Este planeta gobierna a Aries, el impulsivo signo de fuego conocido por su enorme vivacidad. Marte toma entre 6 y 7 semanas para transitar el signo del zodiaco, y va retrógrado cada 2 años, cuando esto sucede, podemos tener problemas para defendernos a nosotros mismos o experimentar una falta de motivación en el dormitorio.

Júpiter

El planeta más grande del sistema solar, Júpiter - O Zeus, en la mitología griega- es conocido por su presencia colosal. El suertudo planeta Júpiter simboliza fortuna, filosofía, abundancia y espiritualidad; este generoso planeta gobierna la expansión, alentándonos a ampliar nuestro alcance y expandir nuestros horizontes a través de la filosofía, la espiritualidad y la educación. Gobierna a Sagitario, el aventurero signo del fuego conocido por buscar emociones y sensaciones fuertes. Júpiter se toma entre 12 y 13 meses en completar su tránsito de signo zodiacal y es retrógrado cada año por alrededor de 120 días, este evento es a menudo tiempo de crecimiento filosófico.

Saturno

. . .

Este gigante con anillos de gas es asociado con el tiempo, las regulaciones, y las restricciones. Durante un buen día, Saturno simboliza el trabajo duro, los logros personales, y la resiliencia. Sin embargo, en un mal día, puede ser duro y falto de emociones, obligándonos a aprender a través de desafíos y obstáculos que pueden ser complicados de superar

Aunque este planeta tiene una manera muy particular de demostrar su afecto, Saturno siempre tiene en mente la mejor de las intenciones. Simplemente quiere que sigamos las reglas. Saturno gobierna al estricto Capricornio, el emprendedor signo de tierra conocido por su ambición implacable; a este le toma aproximadamente 2 años y medio en transitar cada signo zodiacal. Es retrógrado cada año por alrededor de 140 días, durante este tiempo la vida puede sentirse más restringida, y debemos trabajar más de lo regular para lanzar nuestros proyectos.

Urano

Urano es inusual, fue el primer planeta descubierto por un telescopio, es el único cuerpo celeste nombrado en honor a un dios griego, además, está tan inclinado sobre su eje que esencialmente orbita el sol de lado. Acertadamente, Urano simboliza tecnología, rebelión e innovación. Este revolucionario planeta odia las reglas y está siempre dispuesto a facilitar un cambio total y dinámico.

Urano puede tener efectos sorprendentes después de todo este planeta ama el valor del impacto. Gobierna a Acuario, el signo de pensamientos libres del aire reconocido por su excentricidad e inconformidad.

Urano tarda aproximadamente 7 años en transitar los signos zodiacales y es retrógrado cada año por alrededor de 150 días; durante este tiempo, se nos pide dejar el pasado atrás y continuar progresivamente con la vida.

Neptuno

El color azul brillante de Neptuno complementa perfectamente su significado astrológico. Nombrado por el Dios Romano del océano, este planeta representa la magia y el misterio del vasto desconocido espiritual. Cuando una espesa niebla esparce por todo el océano, es difícil distinguir la separación entre el agua y el cielo, de manera similar, el poder de Neptuno existe en la intersección de la fantasía con la realidad. En un buen día, la energía de

Neptuno es extremadamente creativa y psíquicamente poderosa. Sin embargo, en un mal día se puede convertir en delirante y escapista. Cuando sientas la influencia de Neptuno, explora en lo vasto de tu propia mente, pero recuerda tirar un ancla ya que no querrás perderte en el océano. Este planeta gobierna a Piscis, el signo del agua reconocido por su increíble imaginación y poderes psíquicos. Este planeta tarda aproximadamente 14 años en transitar cada signo y es retrógrado cada año por alrededor de 150 días; en este tiempo se revelan secretos, así que no trates de salirte con la tuya usando un comportamiento engañoso.

Plutón

Aunque este glaciar cuerpo celeste no cumple las medidas astronómicas para ser considerado un planeta, para los estándares astrológicos, Plutón es de gran importancia.

Simboliza el poder, la transformación, la destrucción y la regeneración. Toma su nombre del dios Romano del inframundo (Hades en la mitología griega) Plutón, quien tiene a la oscuridad como la raíz de su poder. Este cautivador planeta se desliza a la perfección en infraestructuras complejas, transformando silenciosamente los sistemas desde el interior. Plutón nos recuerda que para poder manifestar un cambio debemos dejar ir el pasado.

Es asociado con Escorpio el elusivo signo del agua definido por su misteriosa disposición.

A Plutón le toma aproximadamente de 14 a 30 años transitar los signos del Zodiaco, va retrógrado cada año por alrededor de 185 días; cuando esto sucede, se nos pide que dejemos ir lo que ya no nos sirve para que podamos transformarnos en una mejor versión de nosotros mismos.

Interpretando cartas astrales

Aprender acerca de la relación de los planetas con el Zodiaco es un paso fundamental para comenzar su viaje hacia las estrellas. Los planetas con órbitas cortas se mueven frecuentemente a través del zodiaco, y el lugar dónde se ubican en una carta astral es específica y relativa a la fecha y hora de nacimiento de cada individuo. Esos son llamados planetas interiores e incluyen al sol, la luna, Mercurio, Venus y Marte. Estos planetas tienen un impacto directo en nuestras personalidades y en las experiencias del día a día.

Los planetas que se encuentran al otro lado del cinturón de asteroides son conocidos cómo planetas exteriores. Estos cuerpos celestes - Júpiter, Saturno, Urano, Neptuno y Plutón - se mueven mucho más lento cambiando de signo entre uno a treinta años. Los planetas exteriores definen temas de vida más amplios, así como experiencias compartidas por generaciones.

La importancia de los planetas exteriores en una carta natal está determinada por las casas (sectores zodiacales) que ocupan. Una carta astral está dividida en doce secciones a las cuales nos referimos a ellas como casas.

Cada casa representa un área en la vida: Las casas de 1 a la 6 se refieren actividades mundanas y de la vida cotidiana, como finanzas personales, el hogar, la rutina, etc.; las casas de la 7 a la 12, están relacionadas con conceptos más abstractos, incluyendo la filosofía, la legalidad y las habilidades psíquica. La ubicación de los planetas en las casas revela dónde guardamos nuestra energía al igual que nuestras fuerzas y debilidades.

Por ejemplo, si tu luna natal está en el área sensible de Cáncer dentro de la séptima casa, la cual representa el compromiso de los vínculos, tu felicidad emocional podría estar muy conectada con tus relaciones. Si tu Marte natal está en Virgo pragmático en la onceava casa, la casa relacionada con el humanitarismo es posible que estés motivado para ayudar a los demás de formas muy prácticas.

La ubicación única de los planetas en las casas es determinada por tu signo ascendente, también llamado simplemente "el ascendente". Este es el signo del zodíaco que estaba en el horizonte oriental en el momento exacto de su nacimiento. Tu signo ascendente crea la arquitectura completa de tu carta astral y define la regla de tu carta planetaria. Para poder calcular el planeta asociado a tu carta, identifica su signo ascendente y luego qué planeta gobierna ese signo del zodíaco.

El signo ascendente también define nuestra experiencia externa: Si tu signo solar escribe el discurso, tu signo ascendente es el cómo ese discurso es pronunciado. Los astrólogos lo describen como la "máscara que se usa en público". Revela cómo te perciben los demás y cómo interactúas con el mundo.

Ya sea que tengas la meta de convertirte en un astrólogo profesional o que simplemente estés buscando el sentido a tu carta astral, el entendimiento de los planetas, los signos y las casas pueden exponer la complejidad y profundidad del conocimiento astrológico. Dedica mucho tiempo a tu carta astral: tu capacidad para interpretar las ubicaciones en ella se fortalecerá a medida que apliques la carta a tu vida diaria. No tengas miedo de crear narrativas y hacer observaciones audaces. Después de todo, así es como el sistema solar fue descubierto.

2

Conociendo a Sagitario

El zodíaco no es un concepto moderno, en realidad, es la conjunción de varias, y vastas, interpretaciones del cielo llevadas a cabo por religiones ancestrales que han sido estudiadas y reconocidas por su gran conocimiento y sabiduría además de sus habilidades excepcionales en distintas disciplinas como las matemáticas y la arquitectura.

La combinación de las creencias romanas, egipcias, y babilonas crearon un cuadro astronómico en el que se basa el zodíaco que conocemos hoy en día. En ella se identifican 12 casas, cada una con una constelación representativa, que son las que se conocen como signos del zodíaco.

. . .

Sagitario es la novena casa del zodíaco y se les considerará parte de este grupo zodiacal a aquellos que hayan nacido entre el 22 de noviembre y el 21 de diciembre.

Sagitario es un signo con mucho peso en la historia antigua, y sus orígenes mitológicos se remontan a las creencias babilonas, griegas, y romanas en colaboración con la mitología sumeria. Existen numerosos registros de su presencia en estas historias y era conocido como un dios, Nergal, que se manifestaba en la forma de un centauro (símbolo con el cual es comúnmente representada esta casa del zodíaco).

Originalmente Nergal no tiene un arma específica, sin embargo, la percepción romana de esta casa le atribuyó un arco y una flecha, volviéndolo así un centauro arquero. Esto se debe a la presencia de una palabra en el latín "sagitta" que significa flecha. Eventualmente, ambas representaciones de la constelación se entrelazaron y dieron pie a la figura mitológica que conocemos actualmente.

En general, los individuos nacidos bajo este signo tienden a ser curiosos y energéticos.

· · ·

Su incansable motivación es una de las características más representativas de ellos, pero también son reconocidos por su amor por los viajes y las experiencias fuertes, su mente abierta, y sus opiniones filosóficas arraigadas. En resumen, los sagitario son el amigo extrovertido sin miedo a la muerte que siempre encontrarás en una nueva aventura sin importar que esta sea en tu país de origen o no.

Recuerda, como mencionábamos antes, que el hecho de que tu signo solar sea Sagitario no significa que concordarás en todo con los estereotipos de este signo. Por ejemplo, puedes ser un Sagitario de mente abierta, pero que prefiere echar raíces antes de ir por la vida viviendo todas las experiencias posibles, esto sucede porque, como mencionábamos durante la interpretación de una carta astral, el signo solar no es el único que influye en el comportamiento de un individuo. El signo lunar, el signo ascendente, el signo de venus, etc. Todos juegan un rol importante en nuestra personalidad, cosmovisión, y comportamiento. Adicional a esto, también debemos tener en mente que somos individuos con un pasado, historia, y experiencias, todas de las cuales han formado parte de nuestra conducta y cosmovisión y nos han moldeado a la manera que somos hoy. Todos somos individuos, y a los ojos del zodíaco no somos la excepción. Así que si no logras identificarte con todo lo que leerás a lo largo de estos capítulos, no te preocupes, toma lo que te sirva y úsalo para volverte la mejor versión de ti mismo.

Dicho esto, es hora de que partamos un poco más la composición del signo para que podamos entender mejor el comportamiento. Sea que tú mismo seas un Sagitario, o simplemente estés buscando entender mejor a uno (¡buena suerte con eso!) El primer paso es entender los conceptos principales del zodíaco. La carta astral solo es una parte de la composición zodiacal, y lo siguiente que deberemos abordar serán las diferentes categorías o divisiones en las que pueden recaer los signos.

Las divisiones de los signos de solares

Todos los signos tienen al menos una de las siguientes características: pueden ser femeninos o masculinos, de agua, tierra, fuego, o aire, pueden ser fijos, cardinales, o mutables, e igualmente todo signo tendrá un polar u opuesto. Cada una de estas características pertenecen a una categoría específica de las clasificaciones del zodíaco y juegan un rol importante en los comportamientos y la composición de una personalidad.

Dualidades

. . .

Las dualidades hacen referencia al "género" de tu signo zodiacal, es decir, cada signo del zodíaco puede ser de carácter "masculino" o "femenino".

Al existir doce de ellos, las categorías albergan individualmente a seis signos. A cada una de estas divisiones se le conoce como "dualidad" y de ahí surge el nombre del concepto.

Es importante que tomes en cuenta que estos términos no hacen referencia a las construcciones comunes de lo que conocemos como femenino o masculino; esto quiere decir que no influye necesariamente en si tu comportamiento es más similar al de un hombre o al de una mujer. Por ejemplo, Aries es uno de los signos de dualidad masculina, pero esto no significa que si una mujer es Aries su comportamiento tenderá a lo que tradicionalmente conocemos como masculino, sea jugar fútbol o disfrutar de historietas cómicas.

También cabe recalcar que ninguna división es mejor que otra. A pesar de las dificultades de igualdad que atravesamos hoy en día en nuestra sociedad, la dualidad de tu signo no juega un rol en qué tan buena o mala persona eres, o qué tan inteligente o poco inteligente eres, estas divisiones que a veces percibimos en la vida diaria son un constructo social, y no influyen en las características de las dualidades zodiacales.

Sin embargo, sí existen diferencias entre una y otra. Las dualidades femeninas también suelen ser conocidas como "receptivas", y con buena razón, los signos que se encuentran dentro de esta división tienden a ser receptivos, atrayentes, y magnéticos. Mientras que los signos masculinos tienden a ser más directos y energéticos.

Piénsalo de esta manera, los signos femeninos son grandes océanos que, aunque son capaces de gran destrucción y poder, tienden a mantenerse calmados y fieles a sus propios valores y principios. Suelen ver mucho más hacia adentro de sí mismos y expresarse un poco menos hacia exterior, y de la misma forma la mayoría de su energía y motivación surgen intrínsecamente, sin mucho estímulo exterior.

Los signos masculinos suelen tener pequeñas explosiones de energía diariamente. Suelen expresar sus sentimientos e ideas hacia el exterior, como volcanes que tienen que dejar salir todo lo que se encuentra dentro antes de calmarse, también suele ser por cortos periodos de tiempo, pero de mucha intensidad. Su motivación se expresa siempre en su exterior, y son muy fáciles de leer sentimentalmente, son expresivos y abiertos.

Los signos que se encuentran en la dualidad femenina son: Piscis, Tauro, Capricornio, Cáncer, Virgo, y, por último, pero no menos importante, Escorpio.

Los signos que se encuentran dentro de la dualidad masculina son: Géminis, Leo, Sagitario, Libra, Aries, y Acuario.

Triplicidades

La dualidad es sólo la primera categoría o subdivisión de los signos, estos pueden ser clasificados aún más si tomamos en cuenta las triplicidades, y estas dividen a los signos en grupos de cuatro. Ya que actualmente existen doce signos zodiacales, cada categoría alberga a tres signos, y de ahí surge su nombre.

Las triplicidades también son conocidas como "los elementos del zodiaco" y esto es gracias a que estas se dividen en los cuatro elementos naturales: agua, tierra, fuego, y aire. Cada uno de estos tiene diferentes características que influyen en el comportamiento de los signos; este, por supuesto, moldeado de la mano de la carta astral y dualidades.

Los signos de fuego: Aries, Leo, Sagitario

Al igual que el fuego en sí, los signos correspondientes a este elemento tienden a ser apasionados, dinámicos y temperamentales. El fuego puede mantenerte caliente, o puede hacer una gran destrucción si no tienes cuidado con él. Igualmente, la velocidad e intensidad de sus emociones puede ser comparada con su elemento, y una sola chispa puede desencadenar un incendio forestal en su vida y la de aquellos que los rodean. Como resultado, estas llamaradas deben ser controladas por sí mismos para evitar daños en su vida personal, amorosa, e incluso profesional.

Los signos de aire: Géminis, Libra, Acuario

. . .

Los signos de aire son caracterizados por la acción, las ideas y el movimiento, son los "factores de cambio" y los mantienen en constante evolución a lo largo de sus vidas.

Por ende, en ocasiones pueden parecer "cabezas huecas" o en "poco contacto" con la realidad ante otros signos, sin embargo, estas mismas cualidades aparentemente negativas es lo que los mantiene capaces de adaptarse a diferentes situaciones. Cuando una fuerte ráfaga te golpea, no puedes evitar moverte.

Los signos de aire les brindan a otros un respiro de aire fresco cuando las cosas comienzan a ponerse aburridas o monótonas. Su tendencia al cambio y la libertad suele traerles problemas con el compromiso, sea romántico o en alguna otra rama, pero pueden compensarlo con una vida llena de aventuras.

Los signos de tierra: Tauro, Virgo, Capricornio

Los signos de tierra hacen honor a su nombre al mantenerse centrados y "con los pies en la tierra". Suelen aplicar estas cualidades a su vida y fomentarlas en aquellos que los rodean, de esta forma nos recuerdan que debemos comenzar con una base sólida sin importar el poco o mucho riesgo que involucre lo que queremos llevar a cabo. Estos signos son lentos y constantes, y sus principales características son su lealtad y estabilidad, y se adhieren a aquellos quienes quieren durante tiempos difíciles. En los días buenos, son prácticos; en el peor de los casos, pueden ser materialistas o demasiado centrados en los aspectos superficiales de las cosas, e incluso de las personas, como para tomarse el tiempo de indagar un poco más y encontrar profundidad en ellas.

<u>Los signos de agua: Cáncer, Escorpio Piscis</u>

Si estás interesado en alguno de ellos, deberás de prestar principal atención a los signos de agua y sus comportamientos, gracias a que los nacidos entre octubre y noviembre se encuentran dentro de esta categoría. Los signos de agua se caracterizan por ser intuitivos, emocionales y ultrasensibles, y decimos esto de la manera más positiva posible. Son receptivos a sus propias emociones y también a las de otras personas. Al igual que el agua, pueden ser refrescantes o pueden ahogarte en sus profundidades. Estos signos a menudo tienen sueños intensos y una intuición psíquica fuerte. Sin embargo, gracias a que les gusta vivir la vida en grande, la seguridad es un aspecto importante para ellos, si sienten que un riesgo es demasiado grande pueden abrumarse y perder el control emocional.

Cuadruplicidades

Los doce signos del zodiaco también pueden dividirse en tres diferentes categorías, en las cuales cada una contiene a cuatro de ellos, de ahí el nombre "cuadruplicidades", aunque también son popularmente conocidas como "modalidades", y se dividen en cardinales, mutables, y fijos.

Estas categorías no son excluyentes de las mencionadas anteriormente, sino que tienden a ser complementarias, y esto tiende a explicar comportamientos contradictorios en algunos de los signos. Por ejemplo, los signos de fuego podrán demostrar su pasión y energía de manera distinta dependiendo de la modalidad en la que se encuentre su signo.

Signos cardinales del zodíaco: Aries, Cáncer, Libra y Capricornio

Cuando algo se describe como cardinal, significa que es fundamental e importante, y ese es ciertamente el caso cuando se trata de los cuatro signos cardinales del zodíaco. Los signos cardinales son los 'iniciadores' del zodíaco. Representan una chispa o idea que puede dar lugar a un desarrollo completo. También simbolizan el comienzo de la temporada zodiacal. Los signos cardinales son los grandes pensadores del zodíaco. Siempre puedes contar con ellos para obtener energía fresca e innovadora que te ayude a fluir, lanzar nuevos proyectos, empezar algo desde cero, y construir una base sólida para cualquier otro logro que te gustaría obtener en un futuro. Los signos cardinales son visionarios, ya que son capaces de crear cosas nuevas aparentemente de la nada y continuar hacia adelante durante las dificultades que se presentan al tomar nuevos comienzos.

De la misma forma, estos signos pueden llegar a tener problemas para continuar con lo que habían comenzado, y aún muchos más para terminarlos. También recuerda que su elemento y dualidad harán que los distintos signos cardinales expresan de diferentes maneras estas cualidades.

Dicho todo esto, tiene sentido que el primer día de la temporada astrológica de cada signo cardinal coincida con el primer día de cada temporada meteorológica: la temporada de Aries se alinea con el equinoccio de primavera y la temporada de Libra se alinea con el equinoccio de otoño, mientras que las estaciones de Cáncer y Capricornio comienzan en el solsticio de verano y el solsticio de invierno, respectivamente. La energía del signo cardinal de nuevo comienzo nos ayuda a comenzar cada temporada con entusiasmo.

Signos fijos del zodiaco: Tauro, Leo, Escorpio y Acuario

Los signos fijos del zodíaco siempre tienen sus ojos puestos en el premio en todo momento, y sus esfuerzos están centrados en obtenerlo a toda costa. Estos signos son capaces de capitalizar las ideas de los signos cardinales y hacerlas realidad siguiendo un plan estructurado y medible.

Los signos fijos son los "arquitectos" del zodíaco, llevan a cabo las ideas manifestadas por los signos cardinales y hacen todo el trabajo necesario para completar la tarea en cuestión. Cada uno de los signos fijos se enfoca y concentra ferozmente cuando establecen un objetivo, son excelentes para apegarse a un plan y tienen una habilidad especial para identificar exactamente lo que se debe hacer y realmente llevarlo a cabo. Esto puede volverlos bastante tercos a veces y también pueden ser percibidos como inflexibles o fastidiosos, sin embargo, los resultados que proveen con sus esfuerzos y estructura eclipsan cualquier cualidad negativa que puedan presentar en el proceso.

. . .

Debido a que la temporada astrológica para cada uno de estos signos cae justo en medio de la primavera, el verano, el otoño y el invierno, la energía de los signos fijos se centra en el impulso y la dedicación. Las fortalezas de los signos fijos salen a resurgir cuando están en medio de algo y completamente absorbidos por la tarea, y se puede confiar en ellos para superar las partes más difíciles de cualquier situación con una dedicación firme.

Signos mutables del zodiaco: Géminis, Virgo, Sagitario y Piscis

Los signos cardinales hacen que las cosas se pongan en marcha mientras que los signos fijos siguen y formulan los planes; luego, finalmente, los signos mutables del zodíaco intervienen para poder concretar las tareas y metas y ayudarnos a abrazar los cambios inevitables de la vida.

Los signos mutables representan el final de cada temporada y, por ende, la conclusión de un proyecto o tarea en cuestión. Son flexibles debido a su comprensión del cambio. Las cosas no siempre salen según lo planeado, pero los signos mutables pueden manejar los factores inesperados. Su capacidad de cambio y adaptabilidad brilla cuando se enfrentan a desafíos u obstáculos, ya que pueden cambiar de rumbo con facilidad y seguir la corriente. Esto a veces puede hacerlos un poco caprichosos o difíciles de predecir, pero los signos mutables tienen el poder de adaptarse y sobrellevar casi cualquier situación.

La temporada astrológica para cada signo zodiacal mutable tiene lugar durante el último mes de cada primavera, verano, otoño e invierno, respectivamente, lo que significa que a medida que el sol abandona cada uno de estos signos cada año, también termina una estación entera.

Esa energía se refleja plenamente en la capacidad adaptable de los signos mutables para aceptar las cosas como son y cambiar de forma para de acuerdo a las circunstancias. Ya sea un proyecto, una conversación, o una vida entera, estos signos saben cómo llevar las cosas a una conclusión natural y usar todos los recursos a su disposición para ello.

En resumen, los signos fijos no son necesariamente dispuestos al cambio, sin embargo, su determinación es de gran ayuda cuando se trata de terminar las cosas que han sido comenzadas, y esa es ciertamente una de las partes más importantes de alcanzar una meta. Los signos mutables son los más versátiles del grupo. Tienden a ser flexibles y adaptables, y están dispuestos a modificarse a sí mismos sin importar las circunstancias si eso necesitan para seguir adelante.

Polaridades

Todos sabemos que el universo tiene miles de principios, pero sin duda el más importante es el balance. Para todo existe un contrario, en los elementos, las energías, y, por supuesto, el zodiaco.

Existen seis diferentes parejas de signos que son fundamentalmente opuestos, y comprender las virtudes y debilidades de cada una puede ayudarte a desarrollar una mejor comprensión, empatía, y relación con los signos.

De la misma manera, como el Sagitario que seguramente eres, seguramente tienes gran interés en averiguar quién es tu opuesto natural, y cuáles son las ventajas que puedes obtener al colaborar con él.

. . .

Las seis polaridades son:

- Acuario y Leo: Los acuarios son signos con fuertes ideales y esperanzas para el futuro, mientras que los Leo tienen gran interés en expresar su creatividad única y generar diversión a su alrededor que los mantenga siempre de buen humor.
- Cáncer y Capricornio: Los Cáncer son ávidos defensores de que la estabilidad empieza en casa, por lo que tienen como prioridad la vida hogareña y la armonía en el hogar. Por otro lado, los Capricornio valoran mucho la imagen externa y cómo los perciben la gente a su alrededor, incluso si a veces la realidad difiere un poco de la imagen pública.
- Aries y Libra: Los Aries tienden a ser centrados en sí mismos, le ponen gran importancia a sus metas y sueños incluso si tienen que recorrer el camino solos. Los Libra valoran la necesidad de relaciones interpersonales como un recurso para la vida, por lo que la mayoría de su energía se concentra en formar y mantener sus amistades y parejas.
- Virgo y Piscis: Los Virgo son apasionados de la vida laboral y la auto superación, siempre buscando otra meta para superar, y necesitan

tener resultados tangibles para sentir que están avanzando. Por otro lado, los Piscis tienden a engañarse a sí mismos o perderse en sus propias fantasías, sin embargo, es importante para ellos mantenerse soñando constantemente.
- Tauro y Escorpio: Los Tauro son signos que valoran altamente sus propias posesiones, sobre todo cuando han trabajado duro para obtenerlas. Mientras tanto, los Escorpio son propensos a compartir, tanto que pueden generar un legado entero gracias a su generosidad.
- Géminis y Sagitario: Los Géminis buscan la expresión de su ser, aunque a veces no entiendan sus propios sentimientos o pensamientos, buscan comunicarlos de manera externa. Así mismo, los Sagitario valoran su pensamiento interno y marco filosófico, y muchas veces no existe la oportunidad de insertar ideas externas; mientras se encuentren satisfechos consigo mismos, no tendrán la necesidad de expresar cada cosa que pasa por su mente.

La polaridad de Géminis y Sagitario

• • •

Géminis y Sagitario son opuestos naturales, pero esto no significa que cada vez que se encuentran lo único que hacen es estar en desacuerdo, un opuesto natural también significa un complemento natural. A pesar de que comparten ciertas similitudes, la polaridad de Sagitario y Géminis refleja un balance que, sí es abordado de la manera correcta, puede otorgarle a la relación una dinámica de crecimiento mutuo y energía fluida.

Las aventuras abundan cuando Géminis se encuentra con su opuesto, el ardiente Sagitario. Los signos opuestos tienden a atraerse, pero a menudo pueden tener roces personales que les genera problemas para avanzar en la relación. Este no es el caso de una pareja Géminis-Sagitario.

Por un lado, ambos son signos mutables, lo que significa que son muy flexibles, adaptables, y abrazan felizmente el cambio. Sin importar el tipo de relación que compartan, esta combinación con frecuencia se encontrará llena de aventuras y deseos de diversión. Ambos son alegres por naturaleza y tienen una curiosidad innata por las emociones fuertes y las verdades del universo.

• • •

Los elementos de su signo también se consideran compatibles. El aire de Géminis aviva sin esfuerzo las llamas de Sagitario, y la llamarada que es generada por esta combinación captura por completo al signo de aire. Hay un aspecto embriagador en esta dinámica, y están muy intrigados el uno por el otro. Este combo puede resultar en una unión que a veces arde fuera de control, ya que carecen de campos designados para explorar esta energía que frecuentemente termina en explosión, pero es divertida, dinámica, y pocas veces se mantiene estancada, siempre se mantendrán yendo en alguna dirección, incluso si esta dirección no es la mejor.

Emocionalmente, Géminis y Sagitario trabajan bien juntos, ya que ambos son espíritus independientes que necesitan espacio en las relaciones sin importar si son románticas, de amistad, o familiares. Cuando se juntan, reconocen esa necesidad dentro del otro y no tienen problemas para darse tiempo a solas si es necesario. Ninguno de los dos se sentirá inseguro o intimidado por la necesidad de libertad del otro. Este entendimiento mutuo ayudará a crear seguridad y profundizar la confianza entre ellos, lo cual facilitará la superación de los obstáculos que la vida les pueda poner enfrente.

. . .

Dado que son signos opuestos, tienen un tipo diferente de conexión entre sí que con otros signos. Pueden verse atraídos por una fuerza casi magnética pero que al mismo tiempo es repelente. Tienen la capacidad de sacar lo mejor y lo peor el uno del otro. Esta habilidad les ayuda a verse por lo que son, y no por la máscara que tanto se esmeran a presentarle al resto del mundo. Es una conexión que es profundamente íntima y se inclina hacia la diversión y aventura. Hay un nivel de entendimiento tácito entre ellos, que es muy raro, y si son capaces de tener una buena comunicación y apertura puede ser la base más importante para una gran relación sin importar si es de amistad o romántica.

El perfil de Sagitario

La combinación de las diferentes facetas del zodíaco es lo que vuelve a cada signo único, y la unión de todas las características de una carta natal o astral nos permite ser tan individuales como en cualquier otro aspecto de nuestra vida. El signo solar, como hemos mencionado antes, lidera nuestra personalidad, así que, ¿qué vuelve Sagitario a los Sagitarios?

. . .

Este es el perfil general de este signo, la guía básica que te permitirá una mirada rápida pero efectiva dentro del alma de las personas nacidas bajo este signo:

- Su dualidad es masculina
- Su triplicidad o elemento es el Fuego
- Su cuadruplicidad, cualidad, o modalidad es mutable. Estos signos marcan el inicio del periodo anual donde el cambio es inminente. Al ser un signo de fuego es liderado primeramente por la pasión. Energéticos y movidos por su naturaleza mutable, la mayoría de sus esfuerzos son dirigidos hacia el cambio constante y la necesidad de reinventarse con frecuencia. Esto los vuelve naturalmente optimistas y con una visión del futuro, sin importar si este empezará mañana, el próximo mes, o incluso en diez años.
- Su planeta guía es Júpiter, el gran gigante de fuego. Para aquellos que observan desde afuera, la manera en la que se conecta su planeta guía con su triplicidad es muy cercana. Júpiter es el segundo cuerpo celestial más grande de nuestro sistema solar después del sol. Este planeta es fuerte, resiliente, y, sobre todo, caliente. Esto representa en todos los sentidos a los acelerados y visionarios

sagitarios. Los ciclos de este planeta influyen directamente en su entusiasmo y optimismo.
- Están representados por un Centauro que inicialmente fue tomado de una combinación entre la mitología griega y la romana. Su flecha siempre apunta hacia el cielo como sus incansables sueños y metas.
- Los Sagitario son propensos a riesgos en su hígado, caderas, y los muslos.
- Su flor es el clavel.
- Las piedras que fomentan su energía son la turquesa, el zircón azul, y la citrina.
- Los Sagitario son curiosos y energéticos naturalmente, e incluso su intensidad puede ser un tanto complicada de manejar para otros signos del zodíaco. Con frecuencia son comparados con otros signos de fuego como los Aries, pero no te equivoques, los Sagitario son completamente únicos en todo sentido. Buscan las emociones fuertes y la belleza de la vida, les gusta filosofar y entender cómo funcionan las cosas. Son extrovertidos, entusiastas, que se emocionan fácilmente, y disfrutan del cambio como una manera natural de continuar viviendo. Siempre están buscando el siguiente proyecto o aventura en la cual embarcarse.
- No muchos pueden seguirles el paso, y esto

representa un problema cuando se trata de relaciones y amistades, el cambio involucra también a aquellos en su vida, son signos de muchos amigos y grupos sociales varios que no sufrirán mucho tiempo por amor o traiciones. Su modalidad mutable los vuelve aptos para la adaptación si es que la vida se los requiere, y su constante pasión y hambre de aventura los motiva a generar este cambio por sí mismos de la misma forma. Estas características que unen bien para mantener su entusiasmo y pasión intactos a pesar de las dificultades que se les presenten.

La libertad es uno de los valores más apreciados por un Sagitario. No les gusta sentirse atrapados o pensar que no tienen más de una opción, esto a veces puede traducirse en problemas con el compromiso o inhabilidad para terminar las cosas que han empezado, sin embargo, es una característica relevante para la solución de problemas. No se atoran si el primer plan no va cómo lo debido y siempre buscarán la manera de encontrar un nuevo camino para alcanzar lo que quieren, incluso si sus estrategias no son tan convencionales a los ojos de otros.

. . .

Dale al Sagitario la libertad que necesita para sentirse a sí mismo e intentar sus propios planes alocados y no tendrás que preocuparte por mantenerlo cerca de ti.

Retos a los que se pueden enfrentar los Sagitario

Los Sagitario pueden tener dificultades para ser pacientes. Puede ser que te des cuenta de que eres un tanto impaciente con tus hijos, tus compañeros de trabajo, o simplemente con las situaciones molestas cotidianas de la vida, es cierto que la cualidad mutable de tu signo puede ser de ayuda, pero si el cambio no llega lo suficientemente rápido, sea en ti, tu vida, o tus seres queridos, puede que pierdas el control más pronto de lo que esperabas. Es difícil ser paciente todo el tiempo y eso es totalmente entendible. Sin embargo, hay cosas que puedes hacer para trabajar en este rasgo. La meditación, la terapia psicológica, y ejercicios contra la ansiedad e ira pueden ser buenos lugares para empezar. Recuerda que no eres un superhéroe no importa qué tan invencible que sientas, al final del día sigues siendo humano.

La superficialidad también es un área de oportunidad para estos signos de fuego.

. . .

A veces, un Sagitario puede obsesionarse con las apariencias, y no es malo, en realidad, preocuparse por qué ropa utiliza o cómo se ve su casa o automóvil, pero esto puede llegar a convertirse en una necesidad o incluso adicción que puede interponerse en el camino de sus propias metas y relaciones interpersonales. Es importante, como Sagitario, no perder de vista lo que verdaderamente importa: la familia, los amigos, los valores personales, y los sueños que tanto te has esmerado en conseguir.

También debes de tener cuidado con el tacto (o más bien, la falta de él) al momento de hablar con tus amigos y pareja. A todos nos gustan las cosas como son, sobre todo si las cosas pueden estar haciéndoos daño, pero no es necesariamente adulante escuchar "eres un idiota" a cada error que se comete. Toma en cuenta que las personas a quienes aconsejas han venido a ti porque valoran tu punto de vista, sabiduría, y experiencia, no importa cuanto creas que está siendo un idiota, tómate un momento para respirar y pensar mejor en las palabras que quieres escoger. Todos necesitamos un hombre amable en el cual apoyarnos de vez en cuando.

Los Sagitario suelen tener dificultades para mantenerse responsables en un proyecto o con sus responsabilidades diarias.

. . .

Generalmente, la irresponsabilidad de un Sagitario se debe a que tiene demasiado sobre su plato, en esta situación, su entusiasmo y necesidad de aventura pueden llegar a ser sus peores enemigos. Reducir y poner sus prioridades en orden puede ayudar, e igualmente puedes darte a la tarea de aprender a cómo decir "no" a ciertas peticiones de tus amigos y familia. Esto también es algo que puedes superar a medida que te conviertes en adulto, y con la madurez también aprenderás a apegarte a tu palabra y aprender cuándo eres capaz de hacer las cosas que prometes y cuándo has superado tu propia capacidad sin importar lo grande que sea.

Este mismo entusiasmo que te mantiene siempre al pendiente de la próxima aventura es el mismo que puede resultar en tu peor enemigo. Adoras las emociones fuertes y los retos mentales que conlleva lo desconocido, por ello, cuando algo se vuelve muy familiar, puedes tender a aburrirte rápido. Puede no ser un gran problema cuando se tratan de pasatiempos mundanos, pero no es lo mismo deshacerte de ese nuevo proyecto de costura a deshacerte de un trabajo o incluso una persona. Tu necesidad de cambio puede interponerse en tu desarrollo, así que piensa dos veces las decisiones que tomarás para no salir herido o herir a alguien más.

. . .

Los sagitario también pueden refugiarse con frecuencia en sus habilidades y esto mezclado con posible irresponsabilidad puede ser una combinación terrible en el ambiente laboral o escolar. Con frecuencia los sagitario subestiman sus propias habilidades; no te equivoques, tienen muchas de ellas y son muy capaces, sin embargo en ocasiones su entusiasmo los lleva a emocionarse demás y olvidar aspectos importantes como las fechas límites o los tiempos de espera. Este exceso de confianza puede ser perjudicial, y corren el riesgo de parecer poco confiables y superficiales.

A los Sagitario también les encanta la diversión, en realidad, se podría decir que es lo que más valoran en sus vidas, no existe mucho espacio para las emociones negativas o el pesimismo. Aunque esto puede parecer una gran cualidad al principio, puede convertirse en un idealismo que eventualmente se vuelve irreal. La vida siempre nos presentará obstáculos y dificultades, y un Sagitario inmaduro puede tener técnicas para evitar enfrentarse a ellas. Este comportamiento los vuelve poco disponibles emocionalmente cuando las situaciones se vuelven difíciles, y sin duda puede representar un reto en una relación, una amistad, o en el aspecto emocional del individuo.

. . .

Si eres Sagitario mantén los ojos abiertos para estas conductas o cualidades, la mayoría de ellas pueden superarse con una buena sesión de terapia o simplemente cuestionando tus comportamientos. Si no eres Sagitario, pero buscas entender a uno, ten en cuenta que estas cualidades negativas son solo efectos secundarios de todas las cualidades positivas que este signo alberga.

Sagitarios Famosos

Las características que vuelven únicos a los Sagitario son vastas, desde su interminable optimismo y entusiasmo hasta su encantadora habilidad para hacer amigos respaldada por un gran carisma. Si las pones todas juntas tienen una fórmula perfecta para alcanzar el éxito, y no es coincidencia que muchas de las celebridades más notables de la era moderna pertenezcan a esta casa de fuego.

1. Miley Cyrus nacida el 23 de noviembre de 1992: Hija de Billy Ray Cyrus, Miley comenzó con su popular show de Disney Channel: Hannah Montana. Si bien originalmente actuó como personaje principal de esta aclamada serie, orientó su carrera a ser una cantante en solitario conocida como Miley Cyrus. Sus mayores éxitos incluyen "Party in the U.S.A.", "Wrecking Ball",

"The Climb", "Can't Be Tamed" y "See You Again". Actualmente es una de las mayores representantes de la música Pop en Estados Unidos y el resto del mundo.

Su entusiasmo y optimismo son demostrados en la gran mayoría de sus composiciones musicales e incluso en cómo se presenta y se comporta ante los medios.

2. Brad Pitt nacido 18 de diciembre de 1963:

¿Quién no conoce a Brad Pitt? Un galán de los años 90 y 2000 que continúa robando corazones hasta el día de hoy. Pitt es conocido por sus matrimonios de alto perfil con Jennifer Anniston y Angelina Jolie, pero sus películas incluyen grandes como Thelma & Louise, Fight Club, Mr. & Mrs. Smith, entre muchas otras. Su carisma es incuestionable y lo ha ayudado a alcanzar el nivel de fama que tiene hoy en día.

3. Britney Spears nacida 2 de diciembre de 1981:

La princesa del pop es una Sagitario hecha y derecha. Tiene carisma, resiliencia, y, sobre todo, un gran optimismo ante la vida. Aunque se ha encontrado con muchos problemas a lo largo de su carrera y en su vida personal, esta guerrera de la industria musical se ha mantenido de pie y brillando ante todos los fans que continúan adorándola a pesar de los cambios del tiempo.

. . .

Algunos de sus éxitos más famosos incluyen "Hit Me Baby One More Time", "Work", y "Toxic".

Su disposición para la diversión y pasar un buen rato se puede apreciar en sus canciones, y su espíritu aventurero es representado en sus presentaciones.

Entre las más famosas, se encuentra aquella donde baila con una Boa gigante aferrada a su cuello, algo que solo un Sagitario podría intentar.

4. Nicki Minaj nacida 8 de diciembre de 1982: Muchos han llamado a Minaj una de las artistas de rap femeninas más influyentes, y ella ha mostrado sus habilidades con canciones exitosas como "Starships", "Anaconda", "Bang Bang", "Super Bass" y "Barbie Dreams". Ha vendido 100 millones de discos en todo el mundo, y es adorada por sus fans gracias a los pocos pelos que tiene en la lengua. La energía de Nicki se proyecta en sus canciones, sus presentaciones, e incluso su presencia en las redes sociales. Directa, energética, y positiva, siempre está dispuesta a enfrentar a aquellos que la cuestionan e irse de cabeza contra ellos si es necesario.

. . .

5. Samuel L. Jackson nacido 21 de diciembre de 1948: Uno de los "chicos malos" de Hollywood que han marcado épocas completas en la cinematografía.

Samuel L. Jackson tiene una carrera que abarca décadas, ¡y es el actor más taquillero de todos los tiempos! Así como lo lees, incluso ha superado a algunos de los galanes de Hollywood como Brad Pitt y Channing Tatum. Su filmografía como actor incluyen Goodfellas, Pulp Fiction, Django Unchained, The Hateful Eight, Jurassic Park, Unbreakable, Snakes on a Plane, The Incredibles, y ha interpretado a Nick Fury en el Universo Cinematográfico de Marvel por varios años.

6. Jamie Lee Curtis nacida 22 de noviembre de 1958: Jamie Lee Curtis es una actriz de una gran variedad de talentos, la actuación siendo la más prominente entre ellos. Desde su debut más importante en la película Halloween, su carrera se disparó gracias a la versatilidad que tiene en pantalla. Ha hecho los roles de mamá, como durante "Freaky Friday" donde trataba de controlar a una rebelde Lindsey Lohan, hasta una reina del horror en "Scream Queens". Famosa por su controversial actitud rebelde ante los miedos y su tenacidad al momento de buscar nuevos roles.

· · ·

7. Jay-Z nacido 4 de diciembre de 1969: Uno de los raperos más influyentes de su época, y el actual marido de Beyoncé (Una virgo espectacular que ha dominado la industria de la música los últimos veinte años).

Ha lanzado 13 álbumes de estudio, y algunas de sus canciones exitosas incluyen "Empire State of Mind", "99 Problems", "Big Pimpin'", "Dirt Off Your Shoulder", "Hard Knock Life" y "Jigga What, Jigga Who".

8. Vanessa Hudgens nacida 14 de diciembre de 1988: Popular por su trascendente rol en High School Musical, uno de los éxitos taquilleros de Disney Channel, Vanessa se ha mantenido activa en la escena de Hollywood después de ello. Llena de energía y entusiasmo, incluso cuando tuvo dificultades para hacer que su carrera volviera a despegar, siguió adelante hasta el lugar donde se encuentra ahora.

9. Jake Gyllenhal nacido 19 de diciembre de 1980: Hermano de Maggie Gyllenhaal, Jake ha protagonizado docenas de películas, incluyendo Donnie Darko, The Day After Tomorrow, Brokeback Mountain, Zodiac, October Sky, Nocturnal Animals, Love & Other Drugs, Jarhead, Source Code, Enemy y Spider-Man: Far From Home. Es uno de los actores más populares de Marvel y es adorado por todos aquellos que trabajan por él. Es energético, honesto, y aventurado, y esto se refleja en la variedad de papeles que ha llegado a cabo e incluso durante sus entrevistas al público.

10. Sarah Paulson nacida 17 de diciembre de 1974: Otra de las armas más adaptables de Hollywood, Sarah Paulson es bien conocida por protagonizar la serie de antología American Horror Story, también por interpretar a Marcia Clark en American Crime Story. Pero también ha demostrado su talento en películas como Martha Marcy May Marlene, 12 años de esclavitud, Carol, Serenity y Bird Box. Su capacidad para comportarse como un camaleón ante la pantalla le ha ganado la admiración y el amor de sus fans, además de ello, es una mujer altamente carismática como lo demuestra constantemente en sus entrevistas televisivas y durante programas de plática como el show de Ellen.

3

Sagitario en los círculos sociales

Está en la naturaleza de Sagitario estar en constante cambio en las áreas laborales mientras exploran el significado de sus vidas. Los miembros de este zodiaco son optimistas, amantes de la diversión, y sinceros. Disfrutan de la emoción de las experiencias novedosas y son capaces de mantener conversaciones cautivadoras bajo distintas circunstancias, una habilidad siempre útil cuando se busca hacer conexiones laborales.

Los Sagitario pueden sobresalir en ciertas carreras profesionales, pero también deben permanecer conscientes de las deficiencias en su personalidad que pueden debilitar los objetivos y las relaciones profesionales. Por ejemplo, los Sagitario tienen opiniones fuertes y a menudo las comparten con poco tacto.

· · ·

En entornos profesionales, esta honestidad brutal puede no traducirse bien y puede hacer que otros crean que el individuo no tiene las habilidades necesarias para trabajar en equipo, una habilidad que cada vez más se vuelve relevante en el entorno profesional. También pueden ser impacientes y demasiado enfocados en tener razón en lugar de resolver el problema a la mano. Estos rasgos pueden obstaculizar la capacidad de Sagitario para crear y mantener fuertes lazos de trabajo, comunicarse de manera efectiva, y demostrar la madurez profesional necesaria para asumir roles de liderazgo, por lo que deben ser conscientes y apoyarse en estas tendencias.

No importa la posición laboral, puedes contar con un Sagitario para animar cualquier entorno de trabajo. Esto es incluso más probable si el signo de fuego se encuentra en un entorno profesional que complementa su personalidad, como uno con trabajo de campo o una oportunidad de trabajo remoto. Los Sagitario disfrutan de este tipo de entornos laborales porque prosperan con la flexibilidad y libertad. Este signo del zodiaco es quizás el más aventurero, y rechazará cualquier cosa (o persona) que amenace con impedirles explorar numerosos caminos o busque amarrarlos a tareas fijas e inflexibles.

· · ·

Los sagitario pueden encontrar difícil ajustarse a los entornos de trabajo mundanos, tener tacto durante conversaciones difíciles con colegas o clientes, y completar un trabajo que no considera que sea significativo o relevante. Sin embargo, el Sagitario puede combatir estas tendencias asumiendo el trabajo voluntario que satisfaga las necesidades o áreas de oportunidad de la empresa, comunicándose claramente con el gerente para asegurarse de que estén al tanto de cómo el Sagitario se involucra mejor en el trabajo, o buscando formas de incorporar responsabilidades más acordes a las habilidades naturales del Sagitario. Por ejemplo, asumamos que se encuentra en un puesto administrativo demasiado mundano, el Sagitario puede empeñarse en realizar todas sus tareas y posteriormente solicitar apoyar en algún proyecto que le requiera su visión creativa en otro departamento.

Si se le da suficiente flexibilidad y libertad, es probable que el Sagitario haga grandes avances en su lugar de trabajo. Su sólido optimismo ayuda a mantener en marcha incluso los proyectos más desafiantes y su naturaleza extrovertida, pero razonable los convierte en excelentes candidatos para roles de liderazgo.

. . .

Los Sagitario encontrarán el éxito en sus carreras manteniéndose fieles a lo que es importante para ellos. Extrovertidos y enérgicos, los miembros de este signo zodiaco no encontrarán satisfacción en roles que no les permiten interactuar con frecuencia con las personas o expresar su creatividad.

1. Vendedor

La industria de ventas siempre está buscando personas que sean enérgicas, extrovertidas, y dispuestas a crear relaciones positivas con los clientes. Los vendedores proporcionan información, completan las transacciones de ventas, y guían las decisiones de compra de los clientes.

Este papel se puede realizar en una variedad de industrias y el Sagitario tiene la personalidad para marcar la diferencia en todas ellas. Como sugerencia, es preferible que desempeñe esta labor en una industria que le guste o apasione, le será mucho más sencillo vender consolas de videojuegos a disolventes de pintura si el primero le apasiona mucho más.

2. Gerente de Relaciones Públicas

Las Relaciones Públicas son una profesión de ritmo rápido y en constante cambio que requerirá que un Sagitario piense rápida y estratégicamente para ayudar a las empresas a presentar una imagen pública satisfactoria.

La persona en este rol también interactúa con profesionales de los medios, actualiza a las partes interesadas sobre asuntos que afectan a los clientes principales, administra las consultas de los medios, y entrena a los líderes de la compañía para que hablen con la prensa.

3. Entrenador Personal

A los Sagitario les encanta tener razón. En un rol de entrenador personal, esto es algo bueno. Los entrenadores personales asesoran a los clientes sobre la formación de objetivos de acondicionamiento físico, cómo usar el equipo de ejercicio correctamente, y alterar sus dietas.

Este rol ofrece la variedad que los sagitarianos buscan y puede tener lugar en el gimnasio, al aire libre, en la casa de un cliente, o en un gimnasio privado, ofreciendo la flexibilidad de la que tanto disfrutan los nacidos bajo este signo.

4. Investigador privado

Los sagitarianos tienen una curiosidad natural que

puede ayudar mucho en un papel de investigación. El extrovertido signo de fuego tendrá éxito al entrevistar a muchas personas para anotar sus observaciones, y mantenerse optimista cuando su investigación pierda dirección.

Los investigadores crean informes sobre sus hallazgos y relatan sus experiencias para ayudar a aclarar situaciones misteriosas. Un área similar que también puede ser de utilidad para un Sagitario puede ser detective u oficial de policía.

5. Oficial de Desarrollo en propuestas caritativas

Los sagitarianos suelen estar más impulsados por el propósito que por el dinero. Sin embargo, pueden convencer a otros de que usen el dinero para promover causas dignas. En este rol, el Oficial establece relaciones laborales y sociales con posibles donantes, informa a las personas sobre la causa a la que están donando, y diseña planes para asegurar el financiamiento. La naturaleza responsable y persistente de los Sagitario les ayudará a destacarse en esta profesión, y su carisma natural será de gran utilidad para enamorar a los ricachones y hacerlos destinar su dinero para mejores propósitos.

6. Representante de Servicio al Paciente

Los Sagitario prefieren que el servicio a la comunidad sea una parte central de sus roles de trabajo, como en un puesto de Representante de Servicio al Paciente en las áreas médicas.

Los representantes de servicio al paciente saludan y dirigen a los pacientes, completan el proceso de admisión con ellos, programan citas, brindan apoyo y solucionan las dudas en el área de mostrador, y ayudan a garantizar que el lobby de las instalaciones de atención médica funcione sin problemas. Además, los pacientes pueden beneficiarse enormemente del eterno optimismo de Sagitario, y siempre ayudarán a animar un área que por el contrario sería un tanto lúgubre.

7. Embajador de la marca

Este puesto tiene diferentes nombres dependiendo del país o idioma, pero también puede ser conocido como "Promotor de marca" o "representante de marca". Los Embajadores de Marca o Asociados de Promoción de Campo sirven como la cara de un producto o servicio para una empresa. Aunque es un puesto de comienzo, puede ser una gran base para desarrollar una carrera en mercadotecnia o relaciones públicas, dos áreas que pueden estimular el carisma y la imaginación del Sagitario.

. . .

8. Instructor o Profesor

Instruir no es para todos, pero los sagitarianos tienen mucho que ofrecer a esta profesión.

Incluso el material más emocionante puede ser aburrido si no es presentado por alguien con entusiasmo, y en esta área el Sagitario brillará. Pueden instruir en danza, arte, e incluso diseño. Estas son las ramas más convencionales para un Sagitario, pero la realidad es que cualquier cosa que te apasione y de lo cual tengas suficiente conocimiento podrá funcionar de la misma manera, así que no entres en pánico si alguno de estos temas no es de tu interés, puedes adaptar los consejos de este libro a lo que verdaderamente disfrutes hacer o enseñar.

9. Agente de viajes

Los agentes de viajes deben estar bien capacitados en diferentes destinos de viaje y lo que tienen para ofrecer. También deben estar en sintonía con las necesidades de los clientes, asesorarlos sobre planes de viaje interesantes, baratos, y favorables, informar a los clientes de los cambios en sus itinerarios, y procesar los pagos. El entusiasmo natural de los sagitario y su buen ojo para la diversión pueden ayudar a los clientes a sentirse entusiasmados con sus planes de viaje, y su habilidad para endulzarles el oído los hará volver después de su aventura.

10. Orador motivacional

También conocidos como coaches o entrenadores de vida, estos asesoran, motivan, y sacan a relucir las mejores cualidades de las personas con las que trabajan.

Los sagitario son excelentes en esto y proyectan un nivel de optimismo que hace que incluso las tareas más difíciles sean más manejables. El trabajo contribuye a la satisfacción general del propósito de vida y nunca hay un momento aburrido como Coach, por lo que es probable que el Sagitario descubra que disfruta mucho de su trabajo. Además, gozan del agradecimiento de sus clientes cuando estos logran sus cometidos, y contribuyen al sentido de autorrealización que tanto busca este signo de fuego.

Ten en cuenta que los sagitario valoran la emoción y aventura por sobre todas las cosas, así que los trabajos mundanos o repetitivos pueden mantenerlos sin la suficiente estimulación como para mantenerlos interesados, y sentimientos de "no pertenecer" pueden surgir. Si acompañamos esto con problemas económicos o necesidad que no pueda permitirle al individuo Sagitario hacer un cambio laboral en su vida puede llevarlos a una profunda tristeza o desánimo para continuar con su carrera profesional.

Adicional a esto, ten en cuenta que esta guía solo te ofrece consejos que, a juicio del autor, pueden serte útiles, sin embargo, somos individuos que hemos sido formados por experiencias, gustos, y personas.

No te abrumes si nada de esto parece ir contigo, busca lo que te apasiona y da lo mejor de ti, te aseguro a que encontrarás el éxito sin importar la rama en la que te desempeñes. Recuerda utilizar todos los dones que tienes como Sagitario y mantén los ojos abiertos para los posibles obstáculos que se te puedan presentar gracias a las mismas.

Sagitario en las fiestas

Los Sagitario son conocidos por ser personalidades de alta energía, espontáneas, celosas, y volátiles. Gracias a esto, los individuos nacidos bajo este signo solar de fuego se sienten naturalmente atraídos hacia la fiesta, la celebración de la presencia social, y las reuniones.

· · ·

Uno puede tratar con confianza de evitar que un Sagitario salte a un estado de ánimo de fiesta y se vea a sí mismo fallar.

Para estos individuos, la fiesta se sincroniza con la energía de su alma, y tienen la fortaleza y resistencia para ser los animales de fiesta más salvajes y opacar al resto de los signos, incluso algunos de los más energéticos como Aries.

Si alguna vez los ves leyendo un libro o tomándose un tiempo para ellos mismos descansando solos en casa lo mejor es que pidas un deseo, ya que es una oportunidad que no se presentará dos veces, pero ver a un Sagitario en una fiesta, entre grupo de personas, socializando y presentándose, cautivando a los demás con su brillo y charlas es una escena tan común como el día y la noche.

Optimismo y energía son dos palabras clave para definir un Sagitario, y además estas personas son exploradores empedernidos de cosas y experiencias nuevas. Descubrir los aspectos más interesantes de una persona es uno de esos pasatiempos de los que un Sagitario no se puede deshacerse fácilmente, y es por eso que son la perfecta compañía para tener una buena noche y conocer gente interesante.

. . .

Otro ángulo interesante en la personalidad de un Sagitario es su ser filosófico, debido a las experiencias que han tenido durante su vida, y la fascinación que poseen por las diferencias culturales sin importar qué tan dramáticas sean. Los sagitarianos toman grandes riesgos y a menudo son etiquetados como "almas libres", debido a su falta de voluntad para permanecer en un solo lugar. Con estas cualidades, es ciertamente difícil mantenerlos encasillados en un lugar o incluso en una situación, y por lo tanto un Sagitario y la fiesta van de la mano.

Si convives con uno, ten mucho cuidado de crear demasiadas restricciones, es cierto que se deben dejar en claro ciertos límites, pero si no le das la oportunidad de vivir su vida y dejar salir la energía que llevan encerrada dentro terminarás por espantarlo o, al menos, generarle una gran decepción.

Estos centauros de buen corazón son fácilmente atraídos a reuniones sociales debido a su eficiente atractivo y su arte de convertirse en los favoritos de la fiesta. Los Sagitario no son meramente sociales, sino extravagantemente comunicativos. Agregan diversión y carisma con sus entradas a las fiestas, y debido a estos atributos suyos, su compañero de aventuras tiene que ser elegido con mucho cuidado. Cualquier signo solar alérgico a la atención, que desee permanecer en sus propios rincones acogedores se encuentra continuamente evitando a los Sagitario. Los 'soñadores' del signo solar de Cáncer son uno de los grandes socios para un Sagitario debido a su amor por el humor, el ambiente social, y la alegría. Acuario, Géminis y Piscis hacen otra gran combinación para salir con un Sagitario de fiesta. A estas personalidades similares no les gusta restringirse mutuamente o a sí mismas, buscan divertirse y dejar que el otro disfrute. Un Virgo amante de la paz, un Aries laborioso, y un Capricornio prudente no elegirían acompañarse de un Sagitario para una reunión, si planean ir a una.

Así que, si no eres un Sagitario, ¿qué puedes hacer para ser su mejor compañero de fiesta? Toma en cuenta estos consejos y te aseguro que te volverás su persona favorita para embarcarse en aventuras:

1. Déjalos ser ellos mismos. Este es probablemente el consejo más valioso que te puedo dar. Como he mencionado varias veces a lo largo del libro, los Sagitario son espíritus libres, tienen su propia manera de ver el mundo y de divertirse, y se sienten cuestionados, juzgados, o acorralados, levantarán muros que nadie podrá atravesar.
2. Ten iniciativa. Aunque su energía parece

inagotable, los Sagitario también pueden quedarse sin ideas. Así que puedes tener una lista de sugerencias a la mano para ofrecerle, te aseguro que te lo agradecerá.
3. Mantén la energía. No hay nada más que desanime a un Sagitario que la mala vibra, siendo ellos tan energéticos y positivos, es difícil lidiar o estar acompañados de personas que no puedan estar a su nivel. Pueden llegar a sentir que se retrasan, detienen, o desaniman. Si en algún momento te cansas sé sincero con ellos, lo más probable es que también necesiten un descanso, pero ¡probablemente será mucho más corto de lo que esperabas!
4. Si eres el anfitrión de una fiesta, asegúrate de invitar a gente interesante. Las personalidades monótonas o con pocas experiencias de las cuales pueda aprender un Sagitario pueden llegar a aburrirlos o fastidiarlos; por lo contrario, si tuvieras un repertorio de individuos inteligentes o con personalidades intrigantes los Sagitario se verán atrapados por su necesidad de llegar al fondo de ellas.
5. No los fuerces a ser el alma de la fiesta. Si no se encuentran en su mejor estado, los Sagitario pueden no llegar a ser lo que esperabas. Si se cansan o agotan es mejor que les des tiempo

para respirar, un Sagitario desanimado puede volverse un arma de doble filo, así que dales un momento para entrar en calor y recuperar su energía.

6. Si el sagitario es el anfitrión de la fiesta, no esperes algo demasiado formal o elegante. Si hay alguna palabra que pueda definir la personalidad del Sagitario es la extravagancia, nunca te sentarás a cenar con vino y pasta, a no ser que todos los invitados se encuentren disfrazados de personalidades famosas. Si no disfrutas de este tipo de reuniones es mejor que digas que no tienes tiempo u oportunidad de asistir, si criticas su originalidad se pueden ver ofendidos y heridos. Si, por el contrario, disfrutas de este tipo de ocasiones es mejor que se lo dejes saber. Los Sagitario valoran las cosas dichas de frente, si te gusta la comida díselos, si la música es de tu agrado díselos, te lo agradecerán y ¡te asegurarás una invitación para la próxima fiesta!

Sagitario en el hogar

. . .

Haciéndole honor a las expectativas, los signos de fuego como el Sagitario son una gran fuente de calor y luz en el ambiente familiar, pero también pueden ser extremadamente volátiles. Exuberantes, apasionados, y motivados, los signos de fuego son los "hacedores" del zodíaco que prefieren tomar la iniciativa en lugar de esperar a que las cosas sucedan, han sido bendecidos con personalidades seguras y dinámicas, tienen un talento natural para levantar la moral y hacer las cosas aun cuando parece que no hay motivación para ello, particularmente en ambiente grupal, y generalmente son el motivo detrás de las decisiones y acciones familiares.

Si bien su entusiasmo es contagioso, su comportamiento celoso puede, inadvertidamente o no, hacerlos mandones y dominantes.

Los signos Sagitarios apasionados también disfrutan de un poco de drama y, en ausencia de emoción, harán todo lo posible para crear algunos problemas que puedan darle un poco de dinámica a su vida personal. Al tener una naturaleza tan intrépida les gusta correr riesgos, lo que los obliga a apresurarse sin pensar demasiado en sus acciones; aunque esto no parece ser un gran inconveniente en una dinámica personal, cuando se trata de afectaciones grupales pueden poner a su familia o seres queridos en situaciones de las cuales pueden salir lastimados o ser puestos en peligro.

Del mismo modo, los pertenecientes a este signo también pueden hablar sin pensar y, aunque siempre se puede contar con ellos para una opinión honesta, a veces la entrega es brutal. Sin embargo, en medio de la falta de tacto, la impaciencia y, a veces, el comportamiento extravagante es admirable su eterna disposición hacia los demás. Siempre buscan ayudar, incluso si los métodos no son convencionales, y las mejores intenciones vendrán de un Sagitario en todo momento.

Sagitario en el rol de esposa: La inspiracional

Al ser un signo de fuego, y como hemos mencionado en capítulos anteriores, las mujeres Sagitario simplemente están enamoradas del amor mismo y no les importaría casarse con la persona que se acerque lo suficiente a su ideal de alma gemela. Por lo general, las mujeres Sagitario siempre están en movimiento porque quieren ser productivas y participar en nuevas aventuras. Por lo tanto, es probable que siempre las encuentres construyendo su increíble carrera, asistiendo a la universidad, u ofreciéndose como voluntarias para trabajar con los menos afortunados en programas de caridad.

Se supone que el matrimonio que más les conviene es simple y ofrece mucho. Su boda no será larga y aburrida porque prefieren mantener las cosas cortas e impresionar con dulzura e intimidad. Es una buena idea casarse con una mujer Sagitario porque es sincera y muy fiel a su pareja. Por lo general, dice lo que piensa y no le importa hacer nuevos amigos, esta mujer se interesará por lo que te importa y aquellos a quienes quieres, y nunca tendrás que "adivinar" lo que está pensando, porque te lo dirá de frente, incluso si las palabras no son siempre las más correctas.

No tienes que preocuparte por que te regañe o busque corregirte. Las mujeres sagitario prefieren guardar silencio y observar las acciones que realizan aquellos a su alrededor incluso si no las consideran correctas o inteligentes.

No disfrutan la imposición de su palabra sobre otras personas, sin embargo, siempre estará dispuesta a escuchar y brindarte un consejo si así se lo solicitas. Comúnmente son apasionadas de los deportes o cualquier otra actividad que las mantenga activas, así que no te sorprendas si tu mujer pone como prioridad el gimnasio o su clase de yoga, simplemente está enamorada de las actividades al aire libre que le permitan sentirse plena. Como su pareja, debes tomar la iniciativa y sorprenderla, puedes llevarla a pescar, hacer caminata, o dar una vuelta por el parque de deportes extremos.

Cuando está en una relación, la mujer Sagitario sigue siendo sociable, aventurera y divertida. Ella querrá viajar por el mundo y aprender cosas nuevas tanto como antes, por lo que necesita que su pareja esté lista para seguirle el paso. Tendrás que enrolarte en muchas clases y quizá viajar a un país o dos, pero nunca tendrás un momento aburrido.

Ella tiene una tendencia a tomar demasiados riesgos financieros, así que probablemente querrás llevar las finanzas del hogar. Sin embargo, su emoción, extravagancia, y única personalidad se transmite también en sus adquisiciones. Si ya te encuentras comprometido con ella, entonces siempre te incluirá en cualquier plan.

Cierto, quizá no necesitabas ese robot de última tecnología, pero ella lo compró para ti pensando en cómo podría ayudarte. Ella realmente es la esposa con quien un individuo puede tener una vida fascinante e intrigante, sin mencionar lo confiable que es ella también.

Es importante mencionar que las mujeres sagitario necesitan tener una cierta estimulación y sentir que sus parejas están al día con ellas o al menos en la misma página. Debido a que esta dama rara vez es celosa y odia a las personas posesivas, su círculo de amigos estará formado por miembros de ambos sexos. La manipulación o control sobre con quién puede relacionarse únicamente llevará a una incomodidad y sofocación que eventualmente la alejará de ti. Esto no significa que no tienes derecho a sentir celos, o que, aún peor, alguno de sus amigos cercanos no esté realmente intentando entrometerse en tu relación, sin embargo, tienes que ser muy inteligente al momento de abordar ese tema. Comunícale tus emociones en lugar de hacerle sentir que estás intentando controlar con quién sale o se relaciona.

Cuando se trata de lidiar con lo mundano o superficial, parece carecer por completo de diplomacia y modales.

Al ser tan abierta, esta mujer puede decir cualquier cosa que pase por su mente. Desde un punto de vista emocional, tiende a estar nerviosa y ser un poco explosiva, sin embargo, estas características quedan opacadas por su amabilidad y gentileza al momento de abordar problemas. Pueden ser un poco dramáticas y obstinadas, así que si metes la pata pasará un tiempo antes de que puedan perdonarte, sin embargo, ten la seguridad de que lo harán si te muestras lo suficientemente arrepentido.

La mujer Sagitario tiene una necesidad de cambio y aventura, por lo que su matrimonio nunca es aburrido como muchos otros que fracasan por la misma razón. Si sus necesidades están siendo satisfechas, ella puede ser feliz con cualquier cosa que pase por la imaginación de su esposo, desde una simple rosa hasta un viaje al extranjero.

Al mismo tiempo, la mujer Sagitario puede ser claustrofóbica cuando se trata de matrimonio. Necesita sentir el dinamismo y movimiento de este, de lo contrario puede aburrirse dentro de él. Esto puede suceder también si su pareja no es receptiva a las sugerencias y avances de la mujer Sagitario, así que asegúrate de tener la mente abierta a las locuras que te pueda proponer. Marca tus límites si algo se te hace demasiado, pero dale la oportunidad de compartir sus aventuras contigo.

. . .

A pesar de su fuerte conexión o tiempo que comparta con su pareja, es posible que todavía necesite salir con sus amigos y mantener las relaciones estrechas con personas que considere como sus iguales. No les gusta que sospechen de ellas, porque la mayoría de las veces no existe ninguna intención romántica en sus relaciones; los celos son un sentimiento ajeno para muchas mujeres Sagitario, así que les cuesta trabajo entender por qué la confianza y libertad no es mutua.

Algo que debes de tener en cuenta es que, a medida que pasan los años, la motivación para estar en constante cambio puede desistir en una mujer Sagitario. Puede que te encuentres que ahora gusta de las rutinas, o su necesidad de viajar no es tan frecuente, o quizá prefiere actividades un poco más calmadas y dentro de casa. No debes preocuparte por ello, esto es natural. Ciertamente, nunca está de más preguntarle si su estado emocional está en buenas condiciones, pero si este es el caso, simplemente es un proceso de maduración de la mujer sagitario.

De lo que siempre tendrás certeza es que un matrimonio con una mujer sagitario nunca será monótono, incluso si las aventuras se han reducido o vuelto un poco menos extremas, la mujer sagitario siempre encontrará una forma de mantenerte a la orilla de tu silla esperando por la próxima gran idea para realizar juntos.

<u>Sagitario en el rol de esposo: El Don Juan</u>

El hombre Sagitario no es realmente del tipo que busca el matrimonio o ningún tipo de compromiso a largo plazo. Por naturaleza, tiende a preferir la soltería al matrimonio, ya que le ofrece más libertad para seguir su estilo de vida dinámica e inconformista. Se necesita mucho para llevar a este tipo de hombres al punto de hacer un compromiso romántico firme, y cuando finalmente lo hace, puede tener grandes problemas para adaptarse a las responsabilidades y limitaciones de una relación permanente.

Si estás feliz con un tipo de matrimonio más "abierto" y no estás buscando un hombre en el que puedas depender todo el tiempo para obtener apoyo constante, un Sagitario podría ser un buen esposo para ti. De mente abierta y poco posesivo, sin duda te permitirá dar rienda suelta para hacer lo tuyo, pero a cambio, no esperará que lo sometas a demasiados deberes y solicitudes. Una pareja controladora o dominante los hará querer escapar más rápido de lo que canta un gallo.

. . .

Aunque es capaz de amar de manera excepcionalmente noble e idealista, en el fondo el esposo Sagitario no es especialmente sentimental o romántico, o al menos no de la manera tradicional a las que ciertas personas pueden estar acostumbradas. Aparentemente de la nada te sorprenderá con un regalo extravagante o algún otro gran gesto romántico, pero luego te decepcionará gravemente al olvidar tu cumpleaños o aniversario. Tales descuidos no significan que él no te ame realmente: simplemente vienen como parte del paquete con un hombre de Sagitario, intensos por periodos de tiempo, y distraídos por muchos otros.

Si tu esposo Sagitario no está alrededor tuyo tanto tiempo como habías esperado, puedes tener la satisfacción de que probablemente está demasiado ocupado con alguna locura como para traicionarte. Por muy importante que sea su hogar para él, no es realmente el tipo de persona que gusta quedarse en casa. Odia sentirse cercado o restringido, y generalmente es más feliz cuando está en movimiento. Si te encuentras en esta situación tienes dos opciones: la primera es permitirte la libertad de tener actividades propias o con algún grupo de amigos que te inspiren confianza, y la otra es ¡intentar seguirle el paso!

. . .

Para muchos la segunda ni siquiera es una opción, ya que la energía y sentido de aventura de los Sagitario es difícil de igualar, pero si eres lo suficientemente valiente para tomar el riesgo harás muy feliz a tu pareja Sagitario.

Un esposo de Sagitario se siente incómodo con una rutina doméstica fija y demasiadas reglas y obligaciones de la casa. Este no es el tipo de compañero que quiere su cena en la mesa a una hora establecida todos los días, y no le importa si los platos se han dejado sin lavar y hay montones de desorden por ahí. Mientras su casa esté llena de diversión y risas, está más que feliz de tomar las cosas como vienen, sin tanta seriedad ni lineamientos. El matrimonio es algo que se descubre todos los días para los Sagitario, y no se concentran en los pequeños detalles o faltas del mismo.

Si eres un fanático de hablar directo y no puedes soportar la pretensión y señales indirectas, te mantendrá satisfecho su constante necesidad de decirte todo a la cara, pero si eres más sensible y te ofendes fácilmente, es posible que tengas dificultades para adaptarte a su manera de hablar contundente y su honestidad brutal. El tacto y la diplomacia no son los puntos fuertes de un esposo Sagitario, y esto combinado con su incapacidad para mentirle a la gente a la cara puede ser una combinación peligrosa al momento de solucionar problemas.

Vamos a aclarar una cosa: ¡Nunca podrás evitar que tu pareja Sagitario coquetee!

Un maestro del arte de endulzar el oído sin importar a quien le hable, le encanta probar sus habilidades de encantar, y no importa cuánto tiempo haya estado en una relación comprometida, nunca pierde su entusiasmo por jugar los juegos peligrosos en un bar, club, o incluso en el ambiente laboral.

Pero no asumas automáticamente que los coqueteos de este hombre significan que en realidad te va a ser infiel. Porque para él son solo algo inocente y divertido, nunca los toma muy en serio. También tiene demasiada integridad moral como para querer engañarte o tener un amorío a tus espaldas. Ten la seguridad de que si tu esposo Sagitario fuera infiel lo primero que haría sería confesarlo. Su necesidad para decir la verdad y mantener su moralidad será mucho mayor a la de mantener el engaño o amorío.

. . .

Los padres Sagitario: Alegres y optimistas

Como padre o madre, los Sagitario iluminan la vida de sus hijos con optimismo y buen humor. Les enseñan lo emocionante que puede ser explorar el mundo. Son aventureros de corazón y guían a tus hijos a abrazar la vida con la misma curiosidad de mente abierta que ellos.

Dado que la libertad es una de sus principales necesidades, es probable que el Sagitario sea un padre relajado que no limite a sus hijos innecesariamente. Esto no nos indica que sean padres permisivos, o ingenuos, sino que analizan con detalle las mejores consecuencias para sus acciones y no recurren a las restricciones como procedimiento estándar. Ellos reconocen la importancia de ciertos límites y rutinas, pero en general, su filosofía se centra en encontrar la verdad y el significado a través de la experiencia personal. Quieren que sus pequeños descubran el mundo y saquen sus propias conclusiones a medida que vayan encontrando dificultades y virtudes en él.

Los métodos de enseñanza de los Sagitario pueden, en ocasiones, parecer poco ortodoxos. Por ejemplo, puede que activamente hagan que sus hijos participen de conversaciones de adultos, sin sobrepasar lo apropiado por supuesto, o que no les ayuden a solucionar algunos problemas, e incluso que los envíen solo a algún otro lugar. Antes de juzgarlos o etiquetarlos de irresponsables, debes entender que los Sagitario valoran la diversidad de pensamiento y variedad de experiencias, les interesa que sus hijos vivan y aprendan de todos los sentidos y oportunidades, y que crezcan de manera independiente, exponerlos de manera controlada a diferentes puntos de vista y experiencias culturales varias es una forma de hacerlo de manera segura.

Ellos están conscientes de que la educación y la experiencia se pueden lograr de varias maneras, no solo a través de la educación tradicional. Transmitirán sus conocimientos e ideas a sus hijos tanto como sea posible. Solo deben asegurarse de que su búsqueda personal de un panorama más amplio no conduzca a un comportamiento santurrón o reprimido. Sus hijos serán más inspirados por una mente verdaderamente abierta, no por un intelecto que cree que ya tienen todas las respuestas.

Los Sagitario como hermanos: Energéticos, Activos, y Alegres

Las personas se comportan de manera diferente cuando están con amigos y conocidos que como lo hacen con la familia. Siempre se dice que los Sagitario son divertidos para pasar el rato, así que ¿es lo mismo cuando están con su propia carne y sangre? De alguna manera sí, de alguna manera no. La compatibilidad del zodíaco también juega un rol sin importar la intensidad del vínculo de los individuos. Para algunos, los hermanos Sagitario pueden ser grandes confidentes y compañeros de aventuras, para otros, pueden ser demasiado ruidosos y agotadores para estar a su alrededor.

Los sagitario son alguien a quien un hermano menor admirará y recurrirá para enseñarle sobre deportes, videojuegos, o simplemente para andar en bicicleta. A diferencia de otros que rechazarían a sus hermanos menores, los pertenecientes a este signo es propenso a aceptar invitaciones a jugar o ayudar con la tarea solo para formar vínculos más profundos con ellos y otros miembros de su familia. Puede ser protector con sus hermanas menores sin ser obvio o violento, pero firme ante cualquiera que pueda representar un peligro o intente hacerles daño.

No se siente asfixiado por solicitudes o requisiciones de atención por parte de los menores y tiene una gran paciencia. Sin embargo, los más chicos deben de tener cuidado al intentar recurrir a ellos para pedir consejos.

Pueden ser insensibles y hay una tendencia a que se olviden por completo del tacto porque de todos modos están hablando con la familia, y si, en efecto, esta no está acostumbrada a su franqueza casi insensible puede generar roces y desconfianza a largo plazo.

Como hermanos menores, pueden ser muy molestos, sobre todo cuando están en la infancia. Los sagitario son juguetones y no hay nada que no harían por un buen momento de diversión, y eso incluye en ocasiones burlarse de ellos.

Los niños son inmaduros, así que puedes esperar este tipo de dinámicas pero con cierta rudeza en ellos. Son muy enérgicos, por lo que, físicamente, pueden ser agotadores e incluso pueden presionar con fuerza a menos que se les diga que no lo hagan, y sí, me refiero a luchas, peleas juguetonas, o hasta box "inocente". Todo esto es divertido para ellos, así que los padres deberán tener especial cuidado con marcarles los límites que deben respetar al respecto. Necesitarán tu orientación, así que asegúrate de decirles si lo que están haciendo está bien o mal. Sin embargo, no seas agresivo. Esto podría llevarlos a actuar de la manera contraria y ser aún más duros.

Asegúrate de que entienda que hablas en serio cuando discutas las líneas que no deben cruzarse.

. . .

Las hermanas Sagitario son muy divertidas. Tienen la paciencia más grande que puedes obtener de una hermana mayor. Normalmente, las hermanas mayores pueden ser complicadas o creídas ante sus propios hermanos, pero una chica sagitario siempre está lista para una charla de corazón a corazón o simplemente dar pequeños consejos sobre la vida diaria, como qué pincel usar para maquillarse o cómo hablar con los chicos para tener una mejor conexión.

Las chicas tienen un poco más de tacto con las palabras que usan al momento de dar un consejo, pero eso no significa que no te dirán la verdad, especialmente cuando necesites escucharla. Son muy serviciales, por lo que incluso cuando tienen sus propias familias, se asegurarán de que te cuiden o al menos te harán sentir que eres bienvenido en su propia casa en cualquier momento. Las hermanas sagitario más jóvenes también necesitarán orientación. Madurarán más fácilmente que los niños y, aunque los sagitario no son tradicionalmente tontos o despistados, también tienen una tendencia a perderse en la vida. Este signo se toma el tiempo necesario para poder encontrar lo que realmente quieren en la vida, ellos quieren probar y experimentar todo. Como padre, esto puede llegar a ser frustrante o dar la ilusión de que no harán nada con su vida, recuerda que el apoyo incondicional puede ser mucho más efectivo que usar la fuerza para llevarlos por un camino que no desean recorrer.

Al fin y al cabo, la clave de una buena relación con un sagitario es la honestidad y la franqueza. Valoran aquellos que hablan de frente tal como les gusta, y valorarán mucho más una opinión dura que una mentira blanca. Si tienes un sagitario en tu familia, asegúrate de fomentar la comunicación y tenerles un poco de paciencia. Si no puedes seguirles el paso díselos de frente, e igualmente si están siendo fastidiosos o demasiado rudos en su manera de jugar.

4

Fortalezas y debilidades de un Sagitario

FORTALEZAS

Los Sagitario tienen superpoderes únicos en el mundo del zodíaco. Ven lo bueno, la luz, y actúan con la suposición de que lo mejor está por venir. Este positivismo y visión del futuro son sus características más relevantes y populares. El adaptarse y trabajar hacia los resultados positivos es lo que distingue a los sagitarianos del resto de los signos y conduce a todas sus fortalezas.

A menudo son reconocidos como los más bondadosos y los más divertidos de todo el zodíaco.

. . .

Los nacidos bajo el signo de Sagitario aman la vida y son optimistas sobre todas las cosas maravillosas por venir, disfrutan de todo este proceso y de la incertidumbre gracias a que significa que lo mejor puede suceder. No ven ningún sentido en detenerse o aferrarse al pasado u obsesionarse con cosas que podrían salir mal. Ven el "quizá" y "posiblemente" y él "podría" como eventos improbables de los que no deberían preocuparse, porque su naturaleza les dice que lo que suceda podrán manejarlo o podrán encontrarle el lado positivo.

Por lo general, los nacidos bajo el signo de sagitario tampoco se centran en sus desgracias, errores, o problemas, ellos creen en que la vida tiene su propia manera de solucionar las cosas o brindarles lo mejor. Su capacidad para mirar hacia el futuro les permite jugar hacia las fortalezas regularmente. Cuando un sagitariano se excede, puede haber algunos inconvenientes. Además de todo, Sagitario tienden a tener las personalidades más rectas y directas, esto los ayuda a percibirse a sí mismos de manera diferente y ponerles más atención a sus fortalezas en lugar de sus debilidades, contrario a como lo hacen otros signos del zodíaco.

. . .

Las siguientes fortalezas son grandes herramientas para que los Sagitario se desarrollen en sus vidas personales, románticas, y profesionales.

Los grandes beneficios que pueden cosechar de ellas se manifiestan día a día. Si eres un Sagitario, este listado te ayudará a conocer un poco mejor tus fortalezas naturales y encontrar la manera de explotarlas en el aspecto que más te convenga. Si, por otro lado, eres una persona que quiere conocer mejor a un Sagitario, conocer sus fortalezas puede ayudarte a saber qué actitud debes adoptar antes de acercártele, o identificar de qué manera pueden compaginar mejor. Nunca sabes cuando puedes encontrar a quien complemente en aquello que te hace falta.

Lealtad

La lealtad es una facultad presente en la mayoría de los signos de fuego, y Sagitario no es la excepción. Aunque ellos son espíritus libres y no les gusta quedar atrapados en una etiqueta o grupo específico, todavía estarán dedicados a varias personas en sus vidas a quienes consideran valiosas o cercanas. Esta lealtad puede no manifestarse de la misma manera en los Sagitario que en otros signos. Ellos no se juran infinitamente contra viento y marea hacia un grupo, organización, o institución, los Sagitario prefieren juzgar a las personas como individuos, y pueden ser devotos a diferentes personas sin importar si pertenecen al mismo grupo social o laboral.

Si usamos como ejemplo a los grupos escolares más comunes, podemos decir que el Sagitario puede llegar a ser muy cercano al capitán del equipo de fútbol, y al mismo tiempo encontrar un confidente en el mejor estudiante del aula, y salir frecuentemente con algún chico gótico. Ninguno de estos amigos de forma independiente entenderá cómo todos llegaron a ser cercanos a Sagitario, pero este individuo a menudo puede unir a personas inesperadas, y cuando eso sucede, es mágico. No solo ofrecen una lealtad sobresaliente, sino que la cultivan en otras personas sin importar lo extrañas que sean las combinaciones.

Como miembro de la familia de un Sagitario es necesario que no pierdas la visión y des su cariño por sentado. Los nacidos bajo este signo son leales, pero a diferencia de Cáncer, Leo o Piscis, no valoran inherentemente a los miembros de la familia por encima de los amigos. Trate de cultivar una amistad a medida que entran en la edad adulta y acomodar sus necesidades lo mejor que pueda sin suplicar por su amistad.

· · ·

Como pareja romántica de un Sagitario, hay muchas oportunidades para encontrarse con esta lealtad eterna, pero también el riesgo de perderlo todo rápidamente.

Los sagitarianos son bastante difíciles de someter o lograr que se comprometan, por lo que si estás en una relación, has superado el mayor obstáculo. Pero, si alguna vez la situación les demanda que escojan entre su pareja y el resto de las personas importantes en su vida, es probable que elijan a aquellos a quienes conocen desde hace años en lugar de un amante. Los sagitarianos apoyan a esas personas en su vida, y quieren verlas tener éxito. También prefieren ver a las personas en buenas relaciones y cultivar relaciones y amistades que resistan la prueba del tiempo.

Naturalmente atléticos y aventureros

Los sagitarios son siempre activos, y una de las maneras más comunes de descargar su energía es a través de los deportes u otras actividades físicas. Muchos de ellos aspiran a una excelencia deportiva, y algunos recurren a las actividades físicas como mero pasatiempo. Su naturaleza atlética ayuda a desarrollar su instinto aventurero. El sagitario quiere salir al mundo; caminando a través de las muchas maravillas y viajando a países extranjeros o nuevas ciudades para conocerlos en su totalidad. Por lo general, los sagitarianos caminan rápido y balancean los brazos cuando caminan.

La mejor manera de mantener esta energía es encontrar la forma de gastarla con frecuencia. Hacer ejercicio, explorar o estar activo a menudo en un gimnasio o un deporte. Cuando estés tomando un descanso en el trabajo, da un paseo por el edificio o el área. Incluso si es solo al estacionamiento y de regreso, aumentará tu energía por el resto del día. Mejor aún, es probable que descubras que muchas personas buscarán acompañarte.

La gente naturalmente prefiere estar cerca de ti, especialmente cuando estás activo. Esto se debe a que, sin saberlo, tienen una atracción magnética por su alto nivel de aventura y atletismo, y quieren compartir esa vitalidad de por vida.

Inocentemente curiosos

Los sagitarianos a menudo dejan que su curiosidad los guíe a través de la vida. Son el niño pequeño que constantemente pregunta: "¿Qué es esto?", o "¿Por qué?", y quieren respuestas completas y concretas, y nada de esas respuestas genéricas que se le otorgan a otros niños.

Esto sucede debido a que Sagitario es reinado por Júpiter.

Como el planeta de la mente superior, su energía bendice a los sagitarianos y les genera una atracción natural hacia el aprendizaje. Pero eventualmente llegarán a un punto en el que tendrán el control para dirigir su curiosidad.

Cuando son niños, los sagitarianos muestran interés en todo, desde el arte hasta las matemáticas e incluso en la música y el aire libre. Son los niños extremadamente exigentes cuando se trata de que sus padres tengan suficiente energía para mantenerse al día. Pero, a medida que llegan a la mitad o finales de los veinte años, saben en qué son buenos y pueden dirigir su curiosidad hacia ese campo y temas relacionados.

Positivos sin importar la situación

. . .

La característica más importante y demostrable de Sagitario. El resultado de este alto nivel de positividad es a menudo un gran sentido del humor, la voluntad de poder soltar bromas instantáneas, y una personalidad extrovertida. Son personas extremadamente directas y pasan poco tiempo preocupándose por las posibles consecuencias de su comportamiento.

En el mejor de los casos, esto significa que el sagitariano puede dedicar mucho tiempo a construir su mejor vida. Se meten en situaciones creyendo que el mejor resultado no solo es posible, sino que el resultado más probable.

Son felices, y simplemente ser felices a menudo impulsa a muchas personas a tratarlos bien y darles lo que quieren.

Los sagitarianos también, sin querer, provocan muchas relaciones románticas con esta positividad. Con frecuencia no son mutuas, son un ejemplo de individuos que son tan amables y emocionantes que parecen estar constantemente coqueteando con otros; su optimismo y curiosidad los acercan a otros y con frecuencia se confunden como interés romántico.

. . .

Todo esto proviene de la energía radiante del fuego y la suerte innata de Júpiter. Traen su propia luz al mundo, y no dependen de nadie más para su felicidad. Con un optimismo excéntrico, tienden a la impaciencia y son demasiado fáciles de emocionar. Como niños, pueden ser exigentes y ocasionalmente molestos debido a su alta energía, mientras que como adultos, pueden parecer egocéntricos o demasiado enérgicos para muchas personas.

Estas percepciones son de poco interés para el Sagitario, en su mente las acciones que realiza son para mantenerse felices, y no importa lo que otros piensen si ellos se sienten satisfechos con ello.

Independientes

Los sagitarianos valoran mucho la independencia; se aferran a ella sin importar la situación o el contexto. Quieren tener la oportunidad de liberar sus pasiones, buscar todo el conocimiento del universo, y vivir sin tener preocupaciones que no le correspondan. Buscan una independencia y libertad que no sea evaluada o cuestionada, y mucho menos reprimida, por otros. Esto puede aparentar ser una debilidad para todos los demás, como si no pudieran estar atados y nunca tuvieran raíces significativas en un lugar específico o con ninguna persona.

Sin embargo, esto mismo les permite no ser influenciados por personas externas sin su consentimiento. Su alto nivel de independencia les da la libertad de buscar lo que quieran de la vida. Estas personas piensan mucho más allá de lo normal y son excepcionalmente hábiles para solucionar problemas personales sin la influencia de personajes externos.

Debilidades

Los sagitarianos pueden escudarse detrás de su necesidad y valoración de la independencia durante la mayor parte de su vida, pero todos enfrentan desafíos y los nacidos bajo este signo no son la excepción. Si bien están gobernados por Júpiter, que tiene un papel muy importante en su vida, y es el cuerpo más grande del sistema solar además del sol, siempre están en la cúspide de la excelencia y la expansión. Estas son las personas que exploran y quieren saber absolutamente todo sobre el mundo que los rodea.

. . .

Esta curiosidad natural también es la culpable de la mayoría de sus desafíos y debilidades, después de todo, como dice el dicho, "la curiosidad mató al gato". Si has vivido junto o cerca de un Sagitario, es posible que hayas notado que estas dificultades se relacionan directamente con su personalidad, y a veces ni siquiera se dan cuenta.

Si eres un Sagitario, puede que este listado te sea revelador. No es que te creas perfecto, sino que tu propio optimismo también se traduce a tu autopercepción, y puedes pasar por alto los aspectos negativos de tu persona gracias a ello.

Muchos sagitarianos pueden alegar abiertamente que estos no son debilidades. ¡Muchos incluso podrían jurar que son elementos positivos de su personalidad! Aquellos que conocen a un Sagitario, personal o profesionalmente, notarán con facilidad estas debilidades comunes entre los nacidos en la novena casa.

Impaciencia

Un individuo nacido en Sagitario no puede y no esperará pacientemente por nada, desde personas hasta situaciones o logros por venir. Los sagitario son signos joviales, niños eternos que hacen las cosas con emoción e impaciencia.

Esto se deriva directamente de su modalidad mutable y su deseo de máxima flexibilidad y cambio constante, pero esa misma necesidad es lo que los vuelve un tanto inquietos y no siempre en un sentido positivo. El elemento mutable que los gobierna y ayuda a adaptarse fácilmente al cambio también los motiva a buscarlo constantemente y bajo sus propias condiciones.

Estos cambios pueden incluso no tener sentido para aquellos que observan desde afuera, por ejemplo, si el Sagitario aplica para ser ascendido en el trabajo, y su superior le anuncia que el ascenso podría suceder en 6 meses, el más probable que el Sagitario deje su trabajo y busque una posición diferente en otro lado a esperar pacientemente a la fecha del ascenso.

Incluso si el puesto nuevo no resulta ser una promoción, es algo diferente, y los sagitario anhelan esa variedad de experiencias.

. . .

En términos escolares, muchos de los pertenecientes a este signo tienden a encontrar problemas cuando llegan a la escuela secundaria. Pueden manejar esto de una de dos maneras: ver la escuela secundaria como un mal necesario y simplemente hacer lo suficiente para pasar las clases y tener el resto de tiempo libre para desenvolverse en otras actividades, o bien, la percibirán como una tarea necesaria para lograr alguna otra meta a largo plazo y los llevará a volverse los más dedicados estudiantes.

Los sagitarianos están orientados a grandes objetivos, y muchos de ellos pueden concentrarse en el futuro y los enormes beneficios que tendrán, pero muchos tienden a centrarse en el juego corto y no pueden ser lo suficientemente pacientes como para cosechar todas las recompensas de su arduo trabajo.

Intolerancia

Dos factores principales contribuyen a esta debilidad, la primera es la capacidad de engañarse a sí mismos, y la segunda es el sentido de prepotencia al creer que siempre tienen la razón. Los sagitarianos reciben un regalo de su planeta regidor Júpiter y la 9ª casa del zodíaco que es la casa de la mente superior. Los nacidos bajo este signo pueden leer a las personas y evaluar elementos profundos de su personalidad y comportamiento con solo darles un par de miradas. Su naturaleza excepcionalmente intuitiva les permite captar el carácter de un individuo rápidamente y con frecuencia de manera muy acertada. Por sí solo, esto parece ser un regalo, pero cuando combinas eso con su abrumadora honestidad y su cosmovisión un tanto rebelde e inconforme con el convencionalismo social, los sagitarianos simplemente no pueden soportar a las personas que usan una máscara en público, sin importar cuál sea la razón detrás de esa máscara.

Si un Sagitario se da cuenta de que alguien es diferente en privado de lo que es cuando está cerca de otras personas, lo rechazará de su vida. El egoísmo también es un factor importante y rechazado por los Sagitario.

No soportan a aquellos que busquen un beneficio propio por sobre el bien común, y su desprecio hacia ellos, y las otras personalidades que no compaginan con su manera de ver el mundo, es explícito. Esto puede sacar de sus casillas a otras personas y tachar al Sagitario de intolerante o incluso discriminador.

Miedo al compromiso

. . .

La mayoría de los investigadores del zodíaco remarcan esta como una de las debilidades más fuertes de un sagitario, especialmente en el área romántica. Sin embargo, a manera personal de este autor, esta "debilidad" es con frecuencia malentendida e interpretada de una manera fatalista. Los Sagitario no tienen exactamente un miedo a comprometerse, sino que la idea no tener opciones o hundirse en obligaciones puede ser sofocante. En muchas ocasiones terminan dándose cuenta de que si desean buscar esa libertad que tanto anhelan es poco plausible que puedan estar en una relación que demande específicamente lo contrario.

Los sagitarianos a menudo ven las situaciones románticas de manera negativa, como instituciones o acuerdos que limitan su libertad en lugar de compartirla.

Ese no es el caso, la gran mayoría de las veces, y a estos individuos les puede llevar toda una vida darse cuenta de ello; la percepción social de las relaciones actuales también suele asustar a los Sagitario, la percepción de que uno debe dominar a otro, donde hay que ceder tiempo y pasatiempos, y donde la pareja es la máxima prioridad ante todas las cosas son aspectos percibidos incorrectamente y que aterran a los Sagitario.

· · ·

En realidad, a los nacidos bajo el signo de Sagitario no les gusta sentirse cercados, y las relaciones ciertamente pueden causar eso, pero no tienen en realidad miedo de comprometerse. Temen comprometerse con la persona equivocada. Un Sagitario rara vez dará tanta consideración a la posibilidad de que algo salga mal. Son personas naturalmente positivas y no piensan en que las cosas salgan mal, pero con las relaciones, pasarán mucho tiempo deteniéndose en todas las cosas que podrían funcionar de la manera incorrecta o que podrían arrebatarles lo que más valoran, por ende, si un individuo a quienes consideran un prospecto romántico demuestra señales de ser demasiado dramático, egoísmo, necesidad de aprobación, exceso de críticas, o falsedad huirá lo más pronto posible de esa relación, dando así la sensación de que su indisponibilidad para comprometerse era el verdadero problema.

Un Sagitario realmente anhela esa profunda conexión de alma gemela, pero saben que es una toma única en la vida. No tienen ninguna prisa por entablar una o un compromiso con cualquier persona que no satisfaga todos sus requisitos. En cambio, es probable que tengan muchas relaciones mientras buscan a alguien que les ayude a sacar lo mejor de ellos, y que ellos puedan hacer lo mismo. Los sagitarianos necesitan a alguien que pueda mantenerse al día con su alta energía o disfrutar de sentarse de vez en cuando. Dejar que el Sagitario tenga libertad es importante, y generalmente creen que la libertad y la independencia deben fomentar las relaciones incluso durante el matrimonio.

Uno de los principales desafíos que experimentará un Sagitario es que otros sienten que tienen miedo al compromiso. Otros tratarán de forzar al nativo de Sagitario para que se comprometa o lleve la relación al siguiente nivel, y esta sensación de obligación sin opción puede llevarlos a alejarse de la pareja.

Cada individuo perteneciente a este signo tiene una idea distinta de lo que significa la libertad, así que es importante entablar una conversación con tu sagitario. Si tú perteneces a este signo y te sientes atrapado en tu relación, lo mejor es acercarte a tu pareja y comunicarle cómo te sientes.

Franqueza sin tacto

Con la comunicación, los sagitarianos no dudan en "decirlo como es". Dicen exactamente lo que quieren decir, y lo dicen sin importar si es apropiado para la situación o no. En general, es una falta total de disciplina y tacto, pero solo están diciendo la verdad desde el punto de vista sagitariano, y todos merecen escucharla. Este desafío en particular surge cada vez que se sienten infelices. Un Sagitario no se detendrá a pensar qué palabras elegir, o cómo maquillar la verdad un poco, y todo esto se reduce a los factores de su planeta regente Júpiter y su elemento fuego. Estos dos combinados significan que están apasionadamente en la búsqueda de la verdad y el conocimiento y quieren que todos los demás lo experimenten también.

Cuando el nacido en Sagitario se siente herido, se asegurará de que todas las personas conozcan la situación por la que está pasando y lo que está sintiendo. En el lugar de trabajo, esto causa problemas y desafíos significativos. Pueden tener dificultades para ascender dentro de una empresa o permanecer en cualquier equipo durante mucho tiempo, no solo porque carecen de paciencia, sino también porque simplemente no tienen tacto.

Es probable que alguien en la empresa o en el equipo se canse de escuchar a Sagitario quejándose de lo mismo o, lo que es peor, lanzando "bombas de verdad" en reuniones o correos electrónicos importantes.

Descuidado y frecuentemente aburrido

. . .

Sería un grave error decir que un famoso sagitariano como Winston Churchill fue descuidado, pero ciertamente tuvo sus momentos de torpeza, y a menudo se veía aburrido. De hecho, era conocido por alejarse de las cosas que no mantenían su atención o que no resultarían en algo interesante o necesitado de acción. No tenía tiempo para las personas que hablaban, y cuando se aburría de algo, dejaba que otros lo manejaran. El incidente del Gran Smog en el que muchas personas murieron debido a que el gobierno no tomó medidas para proteger a la gente es posiblemente el más notable de entre sus equivocaciones y demostraciones de descuido. Churchill descartó esta peligrosa nube de contaminación como "mera niebla" y no se molestó en prestarle mayor atención, resultando en el gran desastre histórico que conocemos hoy en día.

Los sagitarianos quieren vivir una vida feliz y para hacer eso colocan toda su atención en el presente.

Es por eso que muchos grandes líderes son considerados de esta manera, ya que miraron el presente y tomaron las mejores decisiones posibles en el momento adecuado, sin embargo en el panorama común esto puede presentar problemas. Pueden dejar varios proyectos sin terminar durante largos períodos de tiempo y ser inconsistentes para el manejo de elementos dentro de su vida laboral. Cada vez que hay un asunto que involucra a alguien que cuenta con ellos, es posible que tengan problemas para realizar tareas importantes que son simultáneamente aburridas.

5

Sagitario de niño

Tratar de explicar cómo el sagitario se comportaba en la infancia puede caer ligeramente en una falacia. La eterna energía, optimismo, y jovialidad de un Sagitario los vuelve niños eternos en el corazón. Sin importar la edad, y el par de trucos que pudieron haber desarrollado durante su vida adulta, los Sagitario se mantendrán puros de corazón, naturalmente curiosos, ciegamente optimistas, e infernalmente energéticos.

La gran mayoría de ellos, sin embargo, suelen rechazar su pasado de una forma u otra. No son precisamente el tipo de individuos que miran con calidez y nostalgia hacia su infancia.

. . .

Para ellos, todo el proceso de crecer fue únicamente una serie de obstáculos que tuvieron que superar para llegar a ser quienes son, y muchas veces se avergüenzan o incluso entristecen al ver todos los errores que cometieron a lo largo de su vida y de los cuales tuvieron que aprender para mejorar en la vida. Están conscientes del impacto, positivo o negativo, que las acciones de su infancia tuvieron en ellos, por ejemplo, si un Sagitario era constantemente recompensado durante su infancia, puede que en el futuro no se conforme con una carrera o una pareja que no le entregue la misma cantidad de admiración.

Un niño Sagitario demostrará altos niveles de actividad y energía casi todo el día. Es común que estos niños dejen de tomar siestas a muy temprana edad y que demuestren señales de una independencia mayor a la de otros niños, con frecuencia alternando entre necesitar ayuda y resolver sus asuntos por sí mismos. El niño Sagitario está explorando su necesidad de libertad, pero quiere hacerlo con la red de seguridad que pueden ofrecerle los padres y el apoyo que pueda recibir para la realización de sus tareas. Pueden adherirse más a un padre que al otro en varios puntos, y eso podría ser para probar las aguas de lo que cada padre les permitirá hacer sin consecuencias, o con consecuencias menores.

. . .

Un niño Sagitario puede ser muy feliz jugando solo o con hermanos durante los primeros años, pero no es probable que formen un vínculo muy fuerte con ellos a menos que sean cercanos en edad. Durante los años de los niños pequeños, pueden ser fáciles de ayudar a alcanzar los hitos. Los niños nacidos en Sagitario generalmente aprenden a ir al baño más rápido, son más útiles con las tareas domésticas, y se enorgullecen de completar un proyecto, ya sea para preescolar o un proyecto de arte de su propia creación. Todos estos son resultados de su incipiente personalidad. Son acomedidos en casa, y captan las rutinas y necesidades para mantenerla en orden y funcionando, y esto se deriva de la curiosidad: su deseo de participar en proyectos y jugar con distintos grupos de amigos alimenta su creciente extraversión.

Es posible durante la infancia que los hombres y las mujeres de Sagitarios difieran. Las mujeres pasarán este tiempo explorando diferentes facetas de su identidad, y para cuando lleguen a la adolescencia, tendrán la mayor parte de su personalidad central solidificada y lista para la edad adulta.

Los hombres sagitarios usan la infancia como tiempo de juego y luego descubren su identidad durante sus años de adolescencia, y eventualmente se solidifican por completo a los 20 o incluso 30 años.

Las niñas Sagitario

Las chicas Sagitario son sencillas de criar, y los padres incluso las disfrutan. Tienen encantos extraordinarios que utilizan con quienes se les pongan enfrente. Usan su naturaleza inquisitiva para atraer a otros hacia ellos y relacionarse de manera más profunda de lo que normalmente lo harían otros niños, lo cual genera fuertes vínculos con sus padres. También son rápidos para dejar salir cualquier pensamiento que se pase por su cabeza en un segundo.

Sorprenden y maravillan a la mayoría de las personas con su intelecto, su curiosidad, y su franqueza.

Son del tipo de niñas que preguntan de dónde vienen los bebés a una edad muy temprana, y son las que preguntarán por qué es esencial obtener buenas calificaciones o por qué es necesario querer ser algo cuando se convierten en adultos. Y quieren respuestas reales. No tomarán respuestas genéricas o adornadas. Seguirán insistiendo hasta que un adulto les dé una respuesta coherente con la que puedan sentirse satisfechas.

. . .

Desafortunadamente, muchos padres de niñas de Sagitario con frecuencia se disculparán por las cosas que dice su hija. Estos padres también deben tener cuidado de no decir nada que no quieran que se repita. Si tienes una hija sagitario, no querrás bromear usando palabras altisonantes, o pronto te encontrarás en la oficina del director por tu hija la dijo durante una exposición en clase. En realidad, las chicas Sagitario siempre están escuchando, aún cuando parece que no. Necesitan saber exactamente quién está a su alrededor y quién los apoyará en la edad adulta. Rápidamente formarán lazos muy fuertes con las personas de su familia que consideren más adecuadas para criarlos. Estas jóvenes pueden apegarse a una tía o prima con más intensidad de lo que lo harían con sus hermanos.

Sin embargo, las niñas sagitarias salen con una de las cualidades más redentoras en los niños. Están irremediablemente dedicadas a la verdad, no es necesario preocuparte por que te mienta. Estas niñas pequeñas también son optimistas.

Las chicas Sagitario son un poco más curiosas sobre las dinámicas de la vida que los hombres Sagitario, pero notarás que la mayoría de ellas perseveran a través de la vida con una actitud de poder y confianza en sus capacidades para realizar sus tareas.

Los niños Sagitario

Los chicos Sagitario están dispuestos a correr una carrera sin importar el oponente. Estos niños necesitan nacer con otro signo de fuego de alta intensidad que pueda seguirle el paso a su energía. Cuando Aries o Leo tienen hijos sagitarianos, pueden prosperar juntos y cultivar una relación de por vida que progresa naturalmente de padres a hijos a una amistad adulta basada en el respeto mutuo.

Estos niños pequeños son aventureros naturales. Necesitan salir y jugar en la tierra y no entrar a dormir hasta que se ponga el sol. Si son propensos a los videojuegos, entonces quieren juegos basados en aventuras con mucha acción y grandes mundos para explorar.

Los niños Sagitario muestran muchas de las dificultades y debilidades más prominentes en sus primeros años. Estos chicos se rebelarán abiertamente contra cualquier rutina, regulación, o castigo, y odiarán abiertamente cualquier sensación de ser sometidos o controlados. Al ser niños pequeños que deben de ser guiados y aprender disciplina, esto puede representar un reto para los padres encargados de criarlos.

Sí, a veces, es necesario cumplir con un horario o cumplir con ciertas reglas establecidas para que la casa se mantenga en orden y armonía, pero los padres de los niños de Sagitario deben recordar que son niños muy pequeños, y especialmente como niños pequeños, el tiempo de juego a menudo es más importante que seguir un horario o rutina. Este niño usa el tiempo de juego para explorar el mundo que lo rodea y comprender mejor cómo actúan los adultos que lo rodean.

Aunque las niñas Sagitario pueden ser mucho más maduras que los niños en la infancia, una cosa que hacen los niños es recrear a través de la imaginación. A través del juego imaginativo, puede notar que los niños de Sagitario a menudo actúan cosas que parecen estar muy lejos del ámbito de lo normal, pero esta únicamente es su manera de explorar la conversación y los conceptos profundos de la vida. Pueden estar jugando a los piratas, pero lo que están haciendo es explorar la idea del bien y el mal, el robo y la redención, la jerga y el discurso formal.

. . .

Una de las mayores diferencias entre los Sagitario en sus años más jóvenes es que los niños son un poco más encantadores. Las niñas de Sagitario usarán su franqueza y curiosidad para rechazar a los adultos y sus convencionalidades, mientras que los niños son dulces y acogedores. Quieren estar cerca de ti, y no quieren toda tu atención. Simplemente quieren tu presencia. La mayoría de los niños no comenzarán a explorar ese deseo de libertad hasta su adolescencia, aunque es necesario tomar en cuenta que este cambio puede ser repentino o radical.

Muchas veces pueden también no demostrar la intensa curiosidad propia de ellos durante las edades tempranas, pero seguramente se manifestará durante la adolescencia cuando tengan más control de sus acciones y deseos.

Características de los niños y niñas nacidas bajo Sagitario

Sociales: Incluso a edades tempranas, los sagitarianos son personas altamente sociales. No pueden evitar hacerse de conocidos, y su alto nivel de energía es perfecto para liderar juegos infantiles. Incluso cuando son bebés, pueden disfrutar de ser sostenidos y abrazados por una multitud de personas, no solo por sus padres, sin hartarse o aburrirse. Cuando entran en los años de infancia, se relacionan con los demás con facilidad y encuentran amigos en casi cualquier entorno. Son los niños que felizmente se despiden de mamá o papá mientras corren al aula de preescolar mientras otros niños lloran porque sus padres se van.

Los padres de los nacidos en este signo podrían tener que trabajar un poco más duro para inculcar la idea de que los extraños son peligrosos, o que existen personas no confiables. Necesitan demostrar quién tiene ciertas responsabilidades con ellos y cuándo las cosas están o no están bien. Por ejemplo, si los padres están separados, puede trabajar para explicar quién los recogerá después de la escuela o qué autobús deben tomar a casa. También existe un alto riesgo de descuido cuando se trata de situaciones sociales. Un niño Sagitario puede no ser consciente de lo tarde que se ha vuelto o de que sus amigos han pasado a otra cosa u otra actividad.

Constantemente aburridos: Una dificultad común para los niños sagitarianos es que necesitan entretenimiento y estimulación constantes hasta que aprenden a participar en juegos imaginativos a la edad de cuatro a seis años. Necesitan a alguien que los guíe a través de cómo jugar con ciertos juguetes y cómo interactuar con otros niños. Aunque los niños de Sagitario hacen amigos rápidos, desean que alguien les muestre cómo participar activamente en el ambiente social a una edad temprana.

A los niños Sagitario les encanta explorar el mundo y felizmente te traerán una montaña de rocas, palos, o bellotas que recolectan o convierten en proyectos de arte y escultura.

Prefieren hacer estas cosas con alguien, no quieren ser enviados solos al patio trasero e imaginar que tienen a un compañero, y si se ven en esta situación su franqueza saldrá a relucir y le harán saber a su padre su inconformidad al respecto. Hay algunos desafíos con entretener a los jóvenes sagitarianos en un espacio público, ya que sus actividades favoritas suelen ser muy activas e incluso ruidosas, así que llevarlos a realizar mandados domésticos como hacer las compras de la despensa puede parecer una actividad de alto impacto, ya que querrán estar involucrados en todo y saber cómo funcionan las cosas con las que se encuentran.

Desde sacar cosas de los estantes hasta llenar el carrito con artículos aleatorios, encontrarán formas de mantenerse entretenidos si el adulto no les proporciona una opción más factible. Ahora, si tienes un hijo como este, puedes recurrir a distintas técnicas. Recuerde que a los niños sagitario les encanta la idea de la responsabilidad incluso a una edad temprana, y entienden que ayuda a fomentar su independencia en años posteriores. Incluso cuando son niños pequeños, pueden ayudar a elegir artículos del estante y colocarlos en el carrito. Asegúrate de que si los vas a sacar para una diligencia, les asignes una tarea específica y les hagas sentir que son una parte importante de la tarea en cuestión.

Si no estás de ánimo para ello, siempre puedes recurrir a un videojuego portátil para que se mantenga entretenido mientras realizas tus tareas.

Aventureros de corazón

Tu hijo o hija Sagitario es un aventurero nato. Para estos niños, la vida tiene que ver con la experiencia. Quieren salir al mundo y abrazar todo lo que tienen para ofrecer.

Si tu pequeño se mete en todo tipo de problemas antes de que pueda caminar, ¡no te sorprendas! A los niños Sagitario les gusta explorar más allá de los límites establecidos por sus padres y averiguar cuánto puede jugar con ellos antes de meterse en problemas.

. . .

Por encima de todo, los hijos Sagitario quieren aprender y entender. Puedes ayudar con esto haciendo que su vida sea lo más divertida, variada, y desafiante posible. Las vacaciones familiares pueden ser una salida efectiva, al igual que las largas aventuras al aire libre, y los juegos de escondite en el jardín trasero. Si, como padre, no tienes la suficiente energía para seguirle el paso a tu hijo Sagitario, puedes recurrir a clases pagadas de deportes y otras actividades.

Los hijos Sagitario son naturalmente deportivos y tendrán que encontrar una manera de lidiar con su energía extra haciendo cosas que sean divertidas y físicas. Si el dinero es un tema importante en el hogar, los grupos deportivos escolares y clases de la comunidad pública o vecinal pueden ser de gran ayuda.

Su mente también debe mantenerse activa, así que proporcione a su hijo Sagitario muchos libros para leer y llévelo a museos, zoológicos y galerías de arte con la mayor frecuencia posible. Su deseo por conocer el mundo y entender los diferentes puntos de vista en algún punto se le volverá abrumador, clases de idiomas o grupos de conversación internacionales pueden ayudarles a satisfacer estas necesidades. Su visión global siempre permanecerá como parte de su curiosidad natural, así que debes encontrar la forma de que entre en contacto con una variedad de personalidades y situaciones. Finalmente, los niños Sagitario tienden a ser brillantes, animados, optimistas, y extrovertidos, lo que significa que tienen un amplio círculo de amigos, esto también les ayudará a que los padres no sean su única fuente de apoyo o diversión.

6

Sagitario en el amor

Gobernado por el expansivo Júpiter, los Sagitario son de gran corazón, abiertos, y siempre mirando más allá de lo que "deben" de hacer o ser. Un Sagitario rara vez tiene un "tipo" de persona por la que se sienten atraídos: siempre están intrigados por el individuo y no hacen ninguna suposición sobre las personas hasta que realmente se han conocido y hablado con ellas, profunda y superficialmente.

Sagitario ama las conversaciones ingeniosas y el coqueteo casual, pero también aprecia la formalidad de la experiencia de citas. Si bien, son 100% honestos en cualquier situación y no perdonan la necesidad de ser alguien que no son, les encanta una excusa para vestirse finamente y ver lugares geniales para las noches de citas.

. . .

Prefieren ir a un restaurante de bajo perfil, donde puedan platicar tranquilos con sus prospectos, que pasar el rato en casa, y les encanta impresionar a sus parejas con su vasto conocimiento sobre casi todas las cosas.

Un Sagitario es honesto hasta los dientes, y no tiene mucha paciencia para las lágrimas y las emociones falsas.

No les gusta lo que perciben como manipulación emocional. Luchan de manera justa y argumentativa, pero una vez que terminan una pelea, quieren que la discusión quede archivada: no les gusta la estrategia de mencionar los errores del pasado para "quedar tablas" sobre uno o más errores, y a la primera señal de este tipo de chantaje levantarán su guardia y se sentirán hartos.

A Sagitario le gusta poner todo sobre la mesa, y algunas parejas románticas pueden sentirse frustradas por su lógica fría, que triunfa sobre la emoción la mayoría de las veces.

. . .

Un Sagitario espera que su pareja continúe aprendiendo y creciendo a lo largo de sus vidas, y realmente busca a alguien con quien se conecten a un nivel casi celestial.

Sagitario y su compatibilidad con otros signos

<u>Sagitario y Aries:</u> Esta es una pareja hecha en el paraíso. Ambos espíritus afines, estos dos entienden la necesidad del otro de emoción y aventura. Dado que ambos son signos de fuego, pueden soportar el calor y el temperamento del otro, al mismo tiempo que entienden la necesidad de libertad y desapego. Sin el miedo de estar atados, la relación se siente muy poco sofocante, siempre y cuando no pierdan su chispa romántica.

Esta pareja tiene mucho a su favor, ya que eventualmente se igualan en términos de temperamento y personalidad. Ambos son activos, espontáneos, y honestos. Nunca tendrán que preocuparse por lo que el otro está pensando. Al ser tender hacia la socialización, les encanta pasar el rato con sus propios amigos antes de volver a reunirse para pasar un tiempo al aire libre o simplemente hablar sobre su día. Están al mismo nivel intelectualmente y tienen una amplia gama de intereses que los mantienen hablando durante horas. También les encanta reír y hacer reír al otro. El entusiasmo y el espíritu pionero de Aries se mezclan perfectamente con el optimismo y la creatividad de Sagitario, esta combinación les permite desarrollarse personal y profesionalmente, así como en muchos otros rubros de su vida.

Ambos valoran la independencia por encima de todo, por lo que nunca se volverán celosos o demasiado apegados.

Cuando dos signos de fuego se unen, se desenvuelven con una pasión ardiente. Ambos tienen un enfoque similar y amoroso con se trata de la intimidad. Sagitario es aventurero en el dormitorio, iluminando al Aries que siempre ama un nuevo desafío, mientras que Sagitario encuentra la confianza natural de Aries como amante muy sexy. Aries también puede ser un poco demasiado contundente, lo que no le sienta bien a Sagitario juguetón.

A pesar de ser una combinación casi perfecta, Aries y Sagitario tienen algunas áreas de oportunidad que deben vigilar. Una de ellas es que ambos tienen bastante mal genio con un temperamento que puede explotar muy rápido. Ambos pueden perder la calma por un desacuerdo menor, lo que podría llevar a una pelea fuerte si no tienen cuidado. Aries se toma las cosas personalmente, mientras que Sagitario está más desapegado a las situaciones y las ve como sucesos individuales, por lo que puede causar algunas peleas cuando el Sagitario no consiga entender por qué el Aries se encuentra tan ofendido.

Por último, lo que puede deshacer la historia de amor de Aries y Sagitario es la falta de romance. Ambos son muy independientes y están felices de hacer las cosas a su manera. Sin embargo, si ambos están haciendo lo suyo, ¿cuándo tendrán tiempo de ser pareja? ¿Qué sucede cuando uno quiere finalmente sentar cabeza y el otro busca seguir viviendo una vida sin tanto compromiso? Si estos signos continúan pensando en sí mismos como individuos en lugar de una pareja, la relación puede volverse más de amistad en lugar de una unión romántica.

Para mantener viva la chispa en su relación, estos signos de fuego deben hacer un esfuerzo en ser románticos. Tendrán que sorprenderse unos a otros con gestos románticos espontáneos: notas de amor, regalos, boletos de avión y masajes especiales. Si ambos ponen el esfuerzo, pueden ser muy felices juntos.

. . .

Sagitario y Tauro: Sucede una intensa lujuria a primera vista cuando Tauro se encuentra con Sagitario. Las chispas vuelan a medida que se sienten atraídas por la facción física del otro. Sin embargo, es importante tener cuidado. Cuando la fase de luna de miel haya terminado, esta pareja se dará cuenta de lo poco que tienen en común: tanto en personalidad como en metas y actitudes.

Sagitario quiere viajar de mochilero por América del Sur mientras que Tauro quiere ahorrar dinero e ir a un resort de lujo donde pueda relajarse. Sagitario piensa en los "qué pasará", mientras que Tauro reflexiona sobre lo que está ocurriendo actualmente.

A pesar de sus muchas diferencias, esta podría ser una unión muy feliz entre dos elementos de tierra y fuego a medida que se fortalecen mutuamente. Si bien Sagitario siempre tiene una fuerte pasión por los viajes, también le gustaría un buen hogar al cual regresar después de que termine su aventura. Eso es algo que Tauro puede proporcionar felizmente. Si bien Tauro es trabajador, pueden ser un poco perezosos. El ambicioso Sagitario puede animar a Tauro a tomar riesgos. Sagitario es el soñador, mientras que Tauro puede financiar ese sueño y ser parte de él. Tauro también puede enseñarle a Sagitario una lección necesaria sobre la paciencia. Esta también es una pareja a la que le encanta. Ambos disfrutan aprendiendo y tomarían una clase o leerían libros juntos para mantenerse conectados.

Su atracción instantánea es puramente física. Tauro es un amante lento y tierno, mientras que Sagitario tiene mucha resistencia, por lo que pueden pasar toda la noche si lo desean.

Sin embargo, después de las primeras conexiones, Sagitario podría aburrirse con la rutina de Tauro y sentir que la chispa se ha acabado.

Hay muchos problemas que pueden acechar a una relación de Tauro y Sagitario. Si la pareja se conectó cuando se conocieron, Sagitario podría verlo como una aventura de una noche, mientras que Tauro siente que existe una relación formal. Tauro es un monógamo muy devoto cuando se trata de relaciones, mientras que Sagitario es más casual, incluso si no es necesariamente polígamo no le gusta comprometerse por completo a la primera relación que tenga. La confianza es un problema en esta dinámica de romance. Sagitario puede aburrirse fácilmente por la estabilidad de Tauro, mientras que Tauro está molesto por la imprudencia y el exceso de aventura al que lo somete el centauro. El dinero también es un problema, ya que Tauro preferiría ahorrar dinero e invertir en cosas para el futuro, mientras que Sagitario gasta su dinero en un abrir y cerrar de ojos.

Tauro necesita confiar en que no importa qué nueva aventura haya por ahí, Sagitario eventualmente volverá a casa con ellos. Cuanto más fuerte sea que Tauro intente aferrarse a Sagitario, más se alejará este signo. Sagitario necesita proporcionar a Tauro algo de seguridad para demostrar que merecen esa confianza.

Tauro anhela la estabilidad por encima de todo, por lo que Sagitario necesita comprometerse poniendo raíces. Sagitario también necesita seguir el sólido consejo de Tauro, incluso si no es lo que quieren escuchar. Si pueden hacer eso, esta pareja tiene una oportunidad.

Sagitario y Géminis: Hay una química innegable entre Géminis y Sagitario, del tipo que constantemente emana calor y electricidad. Géminis es un signo basado en el aire y Sagitario emana la energía del fuego, creando una combinación elemental que chispea sin el más mínimo esfuerzo. La destreza intelectual de Géminis avivará cualquiera de las grandes ideas de Sagitario, haciendo de este dúo una pareja formidable en los negocios o el romance. No importa quién traiga la energía, el otro sin duda avivará la llama a nuevas y vertiginosas alturas.

Esta energía está doblemente cargada cuando se tiene en cuenta que Géminis y Sagitario son signos opuestos en la rueda del zodíaco, creando la clásica dinámica de "los opuestos atraen". Finalmente, algo interesante es que Géminis y Sagitario son signos mutables, lo que los hace comprender mutuamente cómo opera fundamentalmente el otro.

Todos combinados, estos factores son una gran combinación para una pareja y resultan en un cóctel de cualidades envidiables para otros: sinergia sexual, conectividad mental, y personalidades adaptables que desean formar y mantener una unión a largo plazo entre sí.

Donde puedes encontrar tensión en esta combinación imparable es que Sagitario valora la especificación y la reflexión sobre la recopilación de hechos y datos de Géminis. Sagitario tiene la clásica grandiosidad jupiteriana en su pensamiento y estilo. Les gusta tomar la perspectiva desde la imagen más grande y es posible que no necesariamente vean el valor en el enfoque mercurial más orientado a los detalles de Géminis durante conversaciones y situaciones. Géminis valora una historia rica y compleja llena de detalles minuciosos que agregan color, dimensión y matices. Sagitario puede verlos como desvíos serpenteantes que restan valor a la trama principal.

En una fiesta, uno puede encontrar fácilmente al Sagitario en el centro de la sala, deslumbrando a una audiencia cautiva con una historia alocada sobre una de sus aventuras un verdadero espectáculo de una sola persona. Géminis, por otro lado, prefiere rondar de habitación en habitación, de persona a persona, teniendo charlas rápidas y poniéndose al día con todos en la fiesta.

Ni Géminis ni Sagitario entenderán el enfoque del otro, pero si trabajan en la aceptación, se pueden apreciar sus diferentes estilos. Y si la cooperación es buena, pueden incluso desarrollar una cosmovisión conjunta donde se hayan integrado ambos puntos de vista.

Aprender a respetarse mutuamente será primordial para el éxito de esta pareja. Sagitario depende en gran medida de la fe y las creencias, mientras que Géminis necesita hechos y datos para sentir que pueden tomar una decisión en la que se sientan seguros. Ambos se verán forzados en tiempos de conflicto y problemas a relucir su mejor cualidad compartida: el optimismo. Ambos tienden a ver el lado positivo en los desafíos y creen que el mejor resultado siempre es posible con un poco de suerte. Eso significa que Géminis puede traer más estabilidad a los sentimientos filosóficos de Sagitario al mismo tiempo que les da espacio para ser ellos mismos. En última instancia, ambos alcanzarán el conocimiento, la estimulación mental, y la pareja de ideas afines que ambos quieren a su lado.

Sagitario y Cáncer: ¿Qué emociona tanto a Cáncer como a Sagitario? Buena comida, buen vino, y buenos momentos. Si bien estos son dos signos solares sin mucho terreno en común a primera vista, hay mucho que ambos valoran por igual, como entretener a otros.

Mientras que Sagitario tiene una amplia reputación como el payaso de clase del zodiaco, con un ingenio exquisito y lengua rápida para soltar chistes, Cáncer puede considerarse algo así como un comediante subestimado. Debido a la naturaleza más introvertida de los nacidos en Cáncer, son bastante hábiles para captar señales sutiles. Están tan sintonizados con las emociones de las personas, que pueden rápidamente crear imitaciones precisas con su agudo sentido del humor. Por lo tanto, juntos, estos dos son un dúo bastante dinámico: rápidos para soltar una broma e incluso más rápidos para reunir a una audiencia que desee verlos actuar.

Para los Cáncer, una fiesta es la excusa perfecta para poner a todos los que aman bajo un mismo techo. Allí, pueden entretener a familiares y amigos por igual con una comida cálida y acogedora mientras se recuerdan nostálgicamente las grandes aventuras y se ríen hasta bien entrada la noche. Con sus tendencias maternales, los Cánceres se asegurarán de que los corazones y estómagos de todos estén llenos al final de la noche. Se les indicará que lleguen con hambre y, al finalizar la fiesta, se vayan con el brazo lleno de contenedores con sobras.

Sagitario ve el entretenimiento como una oportunidad para estar en el centro de atención.

Una fiesta es donde el sentido del humor y el estilo únicos de Sagitario pueden brillar. Están listos para abrir una botella de vino y comenzar a hacer chistes que iluminan la habitación. Los Sagitario tienen tantas historias divertidas para compartir sobre sus desventuras en el extranjero o sus puntos de vista políticos que pocas veces se quedarán sin repertorio o repetirán alguna anécdota antigua. Juntos, incluso con sus diferentes estilos, una fiesta con Cáncer y Sagitario está garantizada que será un buen momento, donde todos buscarán desesperadamente una invitación para asistir.

Los desafíos aumentarán cuando termine la fiesta y sea hora de los aspectos más mundanos y rutinarios de la pareja. Como tipos que anhelan comodidad y buscan seguridad, el agua cardinal de Cáncer quiere garantías de que cualquier relación en la que entren tenga longevidad.

Sin embargo, diga la palabra "compromiso" a un letrero de alarma para fuego mutable y el Sagitario emitirá fuertes protestas sobre la libertad personal. En resumen, Sagitario no está ansioso por sentirse atado a nadie ni a nada. Eso será instantáneamente un desvío para los Cánceres, ya que no entenderán la frivolidad de Sagitario cuando se trata de ser maduros.

Los Sagitario también se sentirán confundidos, ya que sentirán que dieron a conocer sus intenciones y puntos de vista sobre el compromiso desde el principio.

. . .

Si los Cánceres pueden aprender que la pasión por los viajes de sus parejas Sagitario significa que el hogar puede estar donde quiera que estén, este emparejamiento puede funcionar. También requerirá que Sagitario reconozca que el punto de vista opuesto de Cáncer puede expandir sus propios horizontes. Uno en el que Sagitario podría incluso inspirarse para ver que "establecerse" significa conformarse con menos aventuras, no eliminarlas por completo. De hecho, podría significar tener un compañero de viaje de por vida.

<u>Sagitario y Leo</u>: ¿Quién necesita entradas para el teatro cuando tienes el drama de Leo y Sagitario cuando están juntos en una habitación? Estos dos signos solares son personajes audaces y dinámicos, que tienen la mezcla adecuada de encanto y humor para ofrecer un espectáculo altamente entretenido. Sagitario siempre está listo para la aventura y Leo siempre está preparado para tener una historia que contar después. Desde paseos por el mundo hasta una caminata por el parque al atardecer, estos dos signos están preparados para vivir sus vidas al máximo y acumular la mayor cantidad de experiencia posible.

Pero cuando las luces se apagan y la audiencia se va a casa, ¿pueden estos dos dejar de lado los personajes que han creado para finalmente enfrentarse a sus verdaderos seres y, finalmente, enfrentar la vida de pareja? ¿Puede un Leo aprender a dejar ir su obstinado orgullo si alguien no hace exactamente lo que quiere? ¿Puede un Sagitario tolerar estar en un solo lugar y con una persona durante suficiente tiempo para generar la confianza y familiaridad que aspira tener el Leo? Todas estas son preguntas importantes que estos dos signos deberán hacerse mutuamente antes de definir de manera definitiva su situación sentimental. La comunicación al respecto será lo que pueda sostener la relación de manera positiva y sin malentendidos, y así preverá que cualquiera de las partes se sienta usada.

Afortunadamente para Leo y Sagitario, ambos son signos de fuego. Esto significa que sus soles se encuentran en un aspecto favorable y entienden la energía del otro intuitivamente. Se llevarán bien fácilmente como amigos, socios, o amantes. Ambos son cálidos, apasionados, y llenos de energía. Alentarán los sueños del otro y se darán un impulso de autoestima cada vez que sea necesario para perseguir sus metas.

Donde puede llegar a haber problemas será cuando ambos estén en modo de alto rendimiento demasiado tiempo y finalmente se quedan sin gasolina. Los mismos fuegos artificiales que estos dos pueden experimentar al hacer el amor podrían convertirse fácilmente en discusiones explosivas y un duro intercambio de palabras. Esto puede hacerlos propensos a estar irritables cuando tienen poca energía. Sagitario es conocido por no elegir su léxico con mucho cuidado y puede tener un impacto contundente con él, y no siempre positivo. Si bien pueden pensar que están siendo graciosos, Leo se lastimará por las palabras que eligieron. Este esto sucede especialmente si Leo siente que se están burlando de ellos o se están riendo de ellos. Si bien a los Sagitario les encanta debatir sobre grandes temas como la filosofía o la política, son lo suficientemente adaptables como para aceptar un punto de vista diferente. Este signo de fuego mutable puede eventualmente aburrirse o cansarse de la rigidez fija de Leo. Una vez que Leo decida que le gusta o no le gusta algo, se aferrará a esa creencia durante mucho tiempo, y Sagitario busca activamente variedad y cambio.

Para que esta pareja funcione, ambos deberán priorizar centrarse en sus valores y creencias comunes. Juntos, Leo y Sagitario se inspirarán mutuamente para ser la mejor versión de sí mismos. Esto puede hacer que decidan ser grandes amigos, y si saben manejar su vida íntima eventualmente dar el paso a una pareja explosiva.

. . .

<u>Sagitario y Virgo</u>: Virgo y Sagitario son muy diferentes en la teoría, pero como pareja de la vida real, pueden complementarse bien si ambos se comprometen a hacer que la relación funcione. A menudo viven en mundos muy diferentes, pero cuando se reúnen, sus diferencias tienden a hacer que el otro sea una mejor persona que cuando están separados. Si bien esta puede ser una unión duradera, también trabajan bien juntos como socios a corto plazo.

Con una pareja de amor Virgo-Sagitario, Virgo tiende a ser práctico, mientras que Sagitario cede a sus caprichos. Virgo es analítico, mientras que Sagitario es filosófico. Virgo es puntual, mientras que Sagitario deja que su nivel de emoción dicte su capacidad para llegar a tiempo.

Entonces, ¿puede esta pareja hacer que una relación funcione a pesar de todas sus diferencias? En realidad, sí, si pueden.

Virgo está gobernado por Mercurio, un planeta que fomenta el análisis y el movimiento rápido, por lo que siempre están alertas y prestando atención a los detalles.

. . .

Sus pensamientos cambian rápidamente, buscando la verdad y realidad de cualquier situación dada. Sagitario está gobernado por Júpiter, el planeta de la suerte, por lo que tienen una perspectiva mucho más sencilla de las cosas. Las situaciones parecen ir a su ventaja con bastante frecuencia, sin mucho esfuerzo de su parte. Todo esto se debe a que miran la vida con una perspectiva amplia, sin detenerse a concentrarse en los pequeños detalles. Virgo puede ayudarlos a concentrarse en lo que es importante. A su vez, Sagitario puede ayudar a Virgo a ampliar su perspectiva y mirar hacia el frente en lugar de concentrarse en las minucias de la situación que esté viviendo, y que seguramente les está impidiendo seguir adelante o encontrar la verdadera solución.

Como signo de tierra, Virgo basa sus decisiones y pensamientos en lo real y tangible. El sentido común es su gobernante. Observan, analizan y toman decisiones cuidadosamente utilizando los extensos datos que recopilan. Como signo de fuego, Sagitario es mucho más espontáneo y toma muchas decisiones sobre la marcha. Tienen una necesidad de movimiento y emoción, a menudo olvidando considerar las consecuencias de sus acciones. Si bien son aparentemente diferentes en estas áreas, su naturaleza de aceptación puede unirlos a pesar de sus diferencias.

· · ·

Virgo y Sagitario son signos mutables, lo que significa que se ajustan al cambio bastante bien. Esto les permite trabajar bien como equipo, y pueden realizar múltiples tareas con facilidad. Cuando cada uno de ellos está dispuesto a asumir una tarea separada para hacer el trabajo general, trabajan sin problemas y sin esfuerzo. Ambos signos mutables requieren una cierta cantidad de libertad y comprensión y pueden estabilizar la relación en un nivel básico.

Románticamente, Vigo tendrá que facilitar esta relación.

Sagitario casi siempre está listo para comenzar, pero Virgo es mucho más cauteloso. Sagitario está dispuesto a explorar y experimentar desde el punto de control, mientras que Virgo podría tardar algún tiempo en confiar en su pareja lo suficiente como para dejar de lado sus inhibiciones. Sin embargo, cuando el amante Sagitario se gana la confianza de su pareja Virgo, el cielo es el límite de lo lejos que pueden llevar su intimidad.

<u>Sagitario y Libra</u>: A medida que el tiempo que pasan como pareja avanza, estos dos realmente comienzan a entenderse.

. . .

Sagitario está en un viaje aventurero para descubrir el significado de la vida conociendo gente nueva, viendo nuevos lugares y experimentando cosas nuevas. Libra ama la belleza y es un gran compañero de viaje para el mundano Sagitario. Juntos, estimulan las mentes de los demás y alcanzan nuevas alturas juntos. Libra y Sagitario tienen la capacidad de establecer una base muy sólida para que su relación se construya, y a menudo comienzan como amigos. Ambos miran la vida con esperanza y optimismo y eligen ver el vaso medio lleno en lugar de medio vacío. Su perspectiva armoniosa de la vida se traslada a su relación. Si ambos se salieran con la suya, nunca pelearían. Los problemas pueden surgir cuando Sagitario sobrepone sus intereses a los sentimientos de Libra, o cuando Libra intenta controlar a Sagitario de alguna manera. Pero Libra, siendo el guardián de la paz, se apresura a disculparse, y ofrecer un compromiso antes de dejar que una discusión se salga de control.

Libra está gobernado por Venus, diosa del amor, y se siente atraído por la belleza de todo tipo. Tienen una naturaleza serena y elegante. Debido a eso, disfrutan de estar rodeados de arte, la madre tierra, y otras cosas que estimulan sus sentidos. Sagitario está gobernado por Júpiter, el planeta de la suerte y la filosofía, por lo que este signo tiene sed de conocimiento y aventura.

. . .

La mezcla de las energías de estos dos planetas es intrigante y complementaria y conduce a algunos lugares notablemente interesantes. Cuando Sagitario sugiere una nueva aventura, ¡Libra está más que listo para ir tras ella con ellos!

Como signo de aire, Libra es generalmente tranquilo y disfruta de la capacidad de ir a donde el viento los lleve. En gran medida un espíritu libre, Libra es a veces evitativo y difícil de entender. Como signo de fuego, Sagitario es apasionado, motivado y, a veces, temperamental. Por lo tanto, estos dos no siempre se conectan a nivel emocional. Si bien ambos necesitan mucho espacio y libertad, Libra quiere un poco más de control del que Sagitario está dispuesto a dar. El punto medio será su mejor amigo cuando no puedan ponerse de acuerdo sobre quién tiene el control durante ciertas situaciones.

Debido a que Libra es un signo mutable, lo más probable es que adopte una actitud pasiva ante las alocadas ideas de Sagitario. Los signos cardinales son iniciadores y emprendedores, por lo que ser los primeros es importante para ellos. Como signo mutable, Libra está mayormente feliz de respaldar las ideas de Sagitario, especialmente porque las suyas pueden ser fugaces y poco detalladas.

· · ·

Afortunadamente, Sagitario es flexible y adaptable, y en la gran mayoría del tiempo se encuentra feliz de ceder ante las demandas que quisiera imponer Libra durante el desarrollo del plan.

Románticamente, la personalidad ardiente y aventurera de Sagitario se traslada a la intimidad, y Libra está más que dispuesto y listo para seguir la aventura sexual que en la que Sagitario lo querrá involucrar. Libra trae belleza y romance, y Sagitario agrega pasión y atletismo.

Sagitario y Escorpio: Cuando se trata de amor, estas dos personalidades pueden ser impredecibles. Estas personas son muy diferentes, y cuando se reúnen puede ser un viaje extremadamente accidentado, pero emocionante. Las cosas pueden moverse bastante rápido con esta unión. Pero si actúan con cierto cuidado, inevitablemente habrá un choque. La clave aquí, al menos al principio, será reducir el afán por llegar a una relación estable y conocerse mejor antes de llegar a un acuerdo del que posteriormente puedan arrepentirse.

Tanto Escorpio como Sagitario ven el mundo como su ostra y están dispuestos a tomar ciertos riesgos para conseguir lo que quieren y obtener el éxito.

. . .

Sin embargo, Sagitario es mucho más impulsivo y hace las cosas sin pensar, que no es la forma preferida de Escorpio en lo absoluto. Las experiencias compartidas definitivamente pueden acercarlos, pero Escorpio es mucho menos flexible cuando se trata de dejar de pensar en las formalidades y pasar un momento. Escorpio tiene que poner las cosas en orden antes de que puedan perseguir sus sueños, y Sagitario estará caminando ansiosamente mientras se toma su tiempo para reprogramar citas, empacar y verificar sus extensas listas de tareas pendientes.

Al quedarse cerca de casa, estos dos pueden encontrar mucho que hacer juntos. A ambos les gusta visitar nuevos lugares, disfrutar de la cocina exótica y hablar sobre temas filosóficos. Sin embargo, Escorpio es mucho más terco cuando se trata de tener las cosas como las quieren, y Sagitario puede hartarse de su competitividad y falta de voluntad para ceder.

Escorpio está cogobernado por Marte y Plutón, representando su intensidad y fuerza de voluntad, además de su capacidad para transformarse y regenerarse. Cuando Escorpio tiene su mente puesta en algo, rara vez se rinden, y esta es una cualidad admirable para Sagitario.

Sagitario, gobernado por el tranquilo y afortunado Júpiter, es mucho más despreocupado y optimista por naturaleza. La vida es una búsqueda interminable para el Arquero, y su instinto es adaptarse, cambiar y expandirse, en lugar de cavar sus talones y mantenerse firmes.

Escorpio es un signo de agua emocional, profundo y complicado. Lo que ves en la superficie es solo una pequeña porción de lo que obtienes cuando se trata de intensidad. Sagitario es un signo de fuego, que tiene una tendencia a llevar su corazón en la manga. Lo que ves es en gran medida lo que obtienes, y estos dos a menudo tienen dificultades para entender los motivos del otro.

Escorpio es un signo fijo, lo que explica gran parte de su falta de voluntad (o incapacidad) para adaptarse. A los Escorpio les gustan las cosas de la manera de siempre y son buenos para formar sus propias y pequeñas rutinas que se sienten cómodos siguiendo. Sagitario es mutable, lo que significa que son capaces de adaptarse a nuevas situaciones y cosas con bastante facilidad, y prosperan en ello.

. . .

Románticamente, esto puede ser una relación a corto plazo en el área íntima.

Sagitario es un tipo de amante donde cualquier cosa sirve, y combinan bien con la famosa destreza sexual de Escorpio. Sin embargo, Sagitario a menudo ven las relaciones íntimas como una manera de pasar un buen rato. Esto no encaja bien con el enfoque de Escorpio hacia el sexo, que es casi espiritual en cierto modo. Pueden tener algunos momentos intensamente apasionados juntos, pero al final el deseo de Escorpio de poseer a Sagitario será demasiado para que este espíritu libre lo trate a largo plazo.

Sagitario y Sagitario: ¿Pueden dos sagitarianos unirse en una pareja de amor? ¡Definitivamente! Su independencia mutua es lo que hace que este equipo trabaje tan bien junto. Tienen sus momentos confrontativos, ciertamente, pero en general, son relajados y tienen un enfoque casual y aventurero ante la vida.

Esta pareja es feliz haciendo lo suyo, por lo que rara vez se ponen celosos o se sienten amenazados por las amistades de la otra persona fuera de la relación. Cuando pasan tiempo juntos, les encanta ir en varias aventuras. Es fácil mantener vivo el fuego, ya que ambos disfrutan viajando por el mundo, experimentando nuevos paisajes y sonidos, conociendo gente nueva, y expandiendo su visión del mundo.

Sagitario es un signo de fuego, por lo que cuando dos de estos signos se unen, la llama es intensa. Están constantemente en marcha y listos para probar cosas nuevas, lo que mejora su vínculo amoroso. Si conoces a una pareja que son sagitarianos, reunirse con ellos es probablemente una diversión exagerada, con toneladas de historias de sus numerosas aventuras. Mucha gente siente que no ha hecho nada en comparación con esta pareja, ¡lo que bien podría ser cierto! Estos dos signos de fuego son probablemente extrovertidos, hacen amigos fácilmente y les encanta comenzar nuevos proyectos juntos. Por otro lado, pueden ser demasiado impulsivos para su propio bien, e incapaces de detenerse mutuamente cuando están sobrepasando los límites de la irresponsabilidad.

Sagitario está gobernado por el planeta expansivo, Júpiter, y a ambos miembros de la pareja realmente les encanta aprender cosas nuevas y expandir sus mentes.

. . .

Ningún tema de discusión es tabú entre ellos, aunque prefieren aprender cosas saliendo al mundo y experimentándolas en lugar de ver la televisión o leer. Se benefician de tomar clases o hacer investigaciones en línea juntos, pero son mucho más felices, viendo cosas nuevas y conociendo gente nueva.

Sagitario es un signo mutable, lo que significa que ambos son bastante fáciles de llevar y seguir el flujo según sea necesario. Si bien es posible que no busquen tanto cambio como lo hace un signo cardinal, ven los cambios como una parte necesaria de la vida. Se están acomodando el uno al otro y a las situaciones en las que se encuentran. Esto es especialmente importante cuando viajan juntos. Los retrasos, cancelaciones y otras pesadillas relacionadas con los viajes pueden deshacer lo mejor de una pareja que no tiene esta dinámica compatible.

Románticamente, estos dos signos de fuego se sienten extremadamente atraídos por la sensualidad del otro. Por lo tanto, a menudo son capaces de separar sus emociones del acto físico de amor. Sus sesiones íntimas pueden ser extremadamente intensas, especialmente debido a su voluntad de experimentar y probar cosas nuevas. Este es un signo al que no le importa elegir la cantidad sobre la calidad, pero deben tener cuidado de no ser amantes egoístas. La tensión ocurre cuando solo se preocupan por sí mismos en el dormitorio, que es lo único que puede poner un freno a su ajetreada vida sexual.

<u>Sagitario y Capricornio</u>: Cuando Sagitario y Capricornio se reúnen, puede haber chispas, o quizá no.

Estos dos no suelen entenderse de inmediato debido a sus personalidades muy diferentes, pero si hay alguna atracción inicial, pueden quedarse para ver de qué se trata la otra persona. Es solo entonces, cuando exploran las cosas en un nivel más profundo, que descubren que tienen algunas cosas en común y pueden formar un vínculo fuerte. A primera vista, Sagitario podría ver a Capricornio como un aburrido que mata la diversión. A menudo un adicto al trabajo, Capricornio se hunde entre los documentos laborales, mientras que a Sagitario le encanta jugar y distraerse a la primera oportunidad. Sagitario no entenderá que los capricornianos a menudo piensan en el trabajo como diversión. Sin embargo, una vez que Capricornio baja la guardia y permite que Sagitario les muestre lo divertida que puede ser la vida, se meten en ella con bastante facilidad. Los capricornianos dan crédito a sus compañeros Sagitario por ayudarlos a alivianarse y podrían estar eternamente agradecidos con ellos por ello. Sagitario, por otro lado, puede aprender mucho de la fuerte ética de trabajo de Capricornio, y a menudo acreditará a su pareja por su capacidad de actuar juntos. Este vínculo de "los opuestos atraen" es fuerte y puede ser mutuamente beneficioso.

Sagitario está gobernado por el expansivo Júpiter, que anima a los arqueros a salir al mundo y expandir sus horizontes. A menudo creen en un fuerte sentido del destino y les suceden cosas afortunadas.

¿Tienen una actitud positiva porque les suceden cosas buenas, o les suceden cosas buenas debido a su actitud positiva? Capricornio, por otro lado, está gobernado por Saturno, un planeta trabajador, y cree que cuanto más trabajes, más recompensas vendrán en tu camino. Por lo general, no tienen un fuerte sentido del destino porque creen que hacen su propia suerte. Sagitario admira a Capricornio por su ambición, pero no pueden identificarse con él. Capricornio está asombrado (y algo celoso) de la facilidad con la que las cosas le llegan a Sagitario, pero no pueden imaginar dejar su éxito, o la falta de él, al destino.

Sagitario es un signo de fuego y actúa por impulso mucho más de lo que Capricornio se siente cómodo. Los signos de fuego son emocionales y espontáneos, que es más o menos lo opuesto al signo de tierra Capricornio. A los signos de fuego les encanta explorar y adaptarse a medida que avanzan, y los signos de tierra basan su conocimiento en la lógica y la practicidad. Por lo general, se adhieren a las creencias e ideales adoptados cuando son jóvenes.

Estas diferencias básicas pueden causar conflictos, especialmente cuando se trata de construir un futuro juntos. Sagitario quiere averiguar qué pasará al día siguiente, mientras que Capricornio tiene los próximos veinte años planeados.

Se necesitará mucho compromiso para hacer felices a ambos individuos con respecto a cuestiones importantes que requieran preparación o planeación.

Sagitario es un signo mutable, lo que significa que no son líderes o iniciadores. Están felices de seguir la corriente y desempeñar un papel de apoyo. ¿Y adivina qué? Capricornio es un signo cardinal, lo que significa que siempre inician los proyectos, por lo que están listos, dispuestos y capaces de dar un paso adelante en esta relación. Una vez que la Cabra Marina comienza las cosas, su compañero de Sagitario generalmente está listo para subirse a bordo con el plan (siempre y cuando no sea demasiado restrictivo).

· · ·

Románticamente, hay algunas diferencias que superar.

Capricornio no está listo para algo tan físico como Sagitario, pero si Sagitario puede ser paciente hasta que se construya la confianza, pueden tener algunas experiencias bastante apasionadas. Este signo es más aventurero, pero Capricornio querrá iniciar (y a veces dominar) su tiempo en el dormitorio, lo que a Sagitario no le importará en absoluto.

Sagitario y Acuario: Una relación amorosa entre un Sagitario y un Acuario generalmente se basa en una base sólida de amistad y admiración mutua. Estos dos tienen una visión expansiva del mundo y pueden colaborar en muchos proyectos diferentes juntos. Tienen mentes abiertas y están dispuestos a considerar la opinión de la otra persona, que es una gran base no solo para la amistad sino también para el romance. Generalmente hay mucho respeto mutuo entre estos dos, y aunque no siempre abordan la vida de la misma manera, están interesados en cómo la otra persona hace las cosas y piensa. No hay muchas reglas en esta dinámica relacional, ya que generalmente permiten que la otra persona viva su vida libremente (sin restricciones ni celos). ¡El espacio lo es todo para estos dos signos! Sagitario y Acuario son excelentes para generar nuevas ideas, pero Acuario es mucho mejor para continuarlas hasta el final que Sagitario.

Acuario tiene una mentalidad muy enfocada al futuro, y esto los mantiene a ambos en el buen camino. Sagitario está gobernado por el planeta Júpiter, que promueve el pensamiento expansivo, la inclinación superior y la abundancia. Acuario está cogobernado por Saturno racional y Urano excéntrico, el planeta de la experimentación y la innovación. Estas dos influencias planetarias son inspiradoras e ilimitadas, dando a esta pareja las herramientas perfectas para construir prácticamente lo que deseen.

Su imaginación es el único límite verdadero de lo que logran cuando juntan sus cabezas.

Sagitario es un signo de fuego espontáneo. Persiguen la emoción y la alegría de la aventura. Este signo puede ser malhumorado y temperamental, pero solo cuando es fuertemente provocado. Prefieren canalizar su fuego en sus aventuras llenas de diversión en lugar de discutir con sus parejas sobre cosas que, en última instancia, no importan a largo plazo. Como signo de aire, Acuario también evita las confrontaciones con frecuencia e igualmente va con la corriente. Los signos de aire son intelectuales y tienen una variedad de intereses, lo que encaja bien con el ardiente estilo de vida aventurero de Sagitario.

Sagitario es un signo mutable, feliz de rodar con las olas y apoyar las grandes ideas de su pareja en lugar de llegar a ellas por su cuenta. Como signo fijo, Acuario es un poco menos tranquilo y le gusta mantener las cosas rodando de manera constante. No siempre se centran en hacer cambios que interrumpan sus cómodas rutinas diarias.

Mientras que Sagitario está listo para seguir adelante, Acuario podría sugerir que se queden atrás para asegurarse de que un proyecto esté completamente completado.

Románticamente, tienen muchas cosas que les encanta hacer juntos. Debido a que ambos están interesados en la experimentación y el juego de roles, no habrá muchos momentos aburridos entre ellos en la cama. Y el hecho de que ambos fluyen libremente, solo mejora sus aventuras en el dormitorio. También se sentirán libres de ser quienes realmente son, lo cual es un gran cambio en comparación con el resto de las dinámicas con otros miembros del zodíaco.

. . .

Sagitario y Piscis: Desde el exterior, estos dos están en lados opuestos del espectro. Debido a eso, pueden formar una conexión fuerte y sólida cuando se comprometen. Sagitario es un gran pensador y buscador de aventuras, moviéndose fácilmente de una cosa a otra. Piscis es un soñador y le gusta pensar en hacer las cosas más que en hacerlas.

Sagitario es activo y extrovertido, mientras que Piscis es pasivo e introvertido. Piscis es extremadamente compasivo y comprensivo y a menudo defenderá a su amante de Sagitario si es necesario. Pasan mucho tiempo enfocados en su pareja, a pesar de que Sagitario a veces está demasiado ocupado para darse cuenta. Afortunadamente, Piscis también es paciente y esperará a que su amante note los gestos amorosos que han hecho o la escena romántica que han construido para ellos.

Sagitario está gobernado por el planeta Júpiter, lo que fomenta un enfoque abierto de la vida. Les encanta ampliar sus horizontes a través del aprendizaje de cosas nuevas, conocer gente nueva e ir a nuevos lugares. Por lo general, parecen afortunados y despreocupados con las personas que encuentran. Piscis está cogobernado por Júpiter positivo y Neptuno soñador, lo que los hace introvertidos, de voz suave y compasivos. Pero a Piscis también le gusta pensar en el "qué pasaría si". Por lo tanto, si hay una confianza sólida entre estos dos, harán todo lo posible para involucrar a su compañero de Sagitario en sus fantasías y sueños.

Sagitario es un signo de fuego, lo que significa que están motivados por la emoción de la vida. Les encanta la espontaneidad del momento y están dispuestos a una vez que creen que piensan que una aventura les está llamando. Piscis, como signo de agua, es impulsado por la emoción y es mucho menos aventurero que su compañero Arquero. Piscis considera profundamente sus acciones antes de actuar sobre ellas, lo que puede frustrar a su pareja, incluso si Piscis lo está haciendo para el beneficio de la relación. El agua de Piscis puede amortiguar el espíritu ardiente de Sagitario, pero el fuego de Sagitario también puede causar vapor y fricción. Por lo tanto, ninguno de los dos es el único responsable de los problemas creados en esta relación.

Sin embargo, tanto Sagitario como Piscis son signos mutables, por lo que no habrá muchas luchas de poder.

Ninguno de los dos tiene prisa por ser el líder o tomar el control, por lo que están felices de apoyar las ideas del otro. Esta es una asociación igualitaria en la mayoría de los niveles, y pueden hacer mucho trabajando codo con codo. A veces también procrastinan juntos. Si bien esto no les ayuda a lograr grandes cosas, tampoco causa discusiones.

7

Sagitario en Luna y Ascendente

SAGITARIO EN LUNA

¿Qué significa para tu personalidad tener un signo lunar en Sagitario? Si tu signo lunar se encuentra en este signo, significa que también tienes cualidades de Sagitario además de las cualidades que te da tu signo solar. Como mencionamos anteriormente, los signos de la luna afectan principalmente al yo interno y privado, así como a las relaciones cercanas.

Tu signo lunar tiene un impacto significativo en cómo piensas de ti mismo y, si tu signo lunar se encontró en esta casa al momento de tu nacimiento, generalmente tienes un gran gusto por tu propia persona, y a veces pecas de narcisista por accidente.

Tener un signo lunar en Sagitario significa que eres muy consciente de tus rasgos positivos, y estás seguro de que tienes lo que se necesita para enfrentarte al mundo y, en general, tener éxito en la vida. A diferencia de muchos otros signos lunares, el problema de tener una luna sagitariana no es dudar de ti mismo, sino más bien pensar que puedes hacer cualquier cosa, incluso cuando algo está más allá de tus habilidades o simplemente no es seguro.

Las personas con signos lunares sagitarianos pueden pensar tan bien de sí mismos que se involucran en un comportamiento imprudente, especialmente si su signo solar también es conocido por decisiones impulsivas / cuestionables. Pero mientras puedas mantener esas tendencias bajo control, tu alta opinión de ti mismo es generalmente bien merecida.

El mayor temor de un signo lunar de Sagitario es la pérdida de control. Los sagitarianos valoran mucho su independencia, y cualquier cosa que parezca que les robará la libertad de tomar sus propias decisiones es suficiente para que entren en pánico. Y si tu signo lunar es Sagitario, es probable que veas una pérdida de control en muchas situaciones: relaciones a largo plazo, deudas, un trabajo poco inspirador, etc. Incluso firmar un contrato de arrendamiento de apartamento puede ser suficiente para hacer que sus manos suden.

Debido a que Sagitario es tu signo lunar, en lugar de tu signo solar, es posible que puedas ocultar este miedo a los demás la mayor parte del tiempo, pero cuando te acercas a alguien y se dan cuenta de que luchas con la idea de renunciar a tu independencia, puede causar problemas si no trabajas para superar este rasgo complicado de tu signo lunar.

Los sagitarianos anhelan la novedad, y en realidad es a lo que recurren cuando necesitan alegrarse, contrario a las actividades de otros signos que se dan un descanso al ver una serie o comer comida chatarra. Con una luna en Sagitario, eres más feliz cuando la vida es emocionante.

Sin embargo, los individuos con un signo lunar en sagitario deben sentirse en control para sentirse tranquilos, por lo que querrás ser el que esté tomando las decisiones para cualquier plan loco que la gente de tu alrededor te proponga. Una actividad que hace que tu sangre bombee y te permite tomar las riendas de la situación te hará sentir en plenitud.

. . .

Las relaciones para un signo lunar Sagitario pueden ser difíciles. Sin embargo, no es porque las personas no se sientan atraídas hacia ellas.

Con su ingenio, sentido del humor y una lista de aventuras emocionantes, los sagitarianos son muy populares entre los demás. Un signo lunar Sagitario agregará un poco de carisma incluso a los signos solares más tensos y reservados. El problema proviene de uno de los rasgos lunares más comunes de Sagitario: la dificultad para comprometerse.

Tener un signo lunar en Sagitario significa que a menudo ves las relaciones cercanas como sofocantes. En cambio, prefieres un amplio círculo de conocidos por los que nunca sientes la necesidad de hacer compromisos: si uno de ellos no está contento con tus elecciones, simplemente saltarás a la siguiente persona. Si su signo solar es conocido por su lealtad, a menudo puede superar este miedo al compromiso, pero, sea cual sea su signo solar, prepárese para el nerviosismo cuando las cosas comiencen a ponerse serias con otra persona. Así son los signos lunares Sagitario.

Sagitario en Ascendente

. . .

A diferencia de su signo solar, que está determinado por su cumpleaños, o el lunar, determinado por la posición de la luna durante su nacimiento, su signo ascendente está determinado por el momento en que nació.

Para ser específico, está determinado por qué signo del zodiaco estaba en el horizonte oriental cuando naciste, y cambia cada dos horas. Puedes ser un Sagitario de signo solar y Sagitario ascendente, el Sol de Escorpio y escorpio ascendente, el Sol de Acuario y el Ascendente de Sagitario, estas combinaciones son casi inagotables y le dan una personalidad única a cada persona sin importar si comparten signo solar. Si no conoces tu signo ascendente, toma tu hora de nacimiento y dirígete a una calculadora gratuita de carta natal.

Los Sagitario ascendente están gobernados por el planeta Júpiter, lo que significa que son siempre expansivos y continuamente afortunados. Disfrutan alcanzando el conocimiento porque les ayuda a mejorarse a sí mismos y despierta su creatividad. Ser gobernados por el planeta afortunado puede resultar en que tengan una disposición optimista: son los tipos que creen en que lo imposible es posible. Sus personalidades son involuntariamente mágicas y otros los encuentran positivamente encantadores. Las personas siempre están listas para darles una oportunidad y ayudarlos a alcanzar sus metas.

Estos arqueros son bromistas naturales que traen tanta alegría a cualquier habitación en la que entran.

Tener energía Sagitario los hace un poco abrumadores y bastante contundentes, lo que puede considerarse una fortaleza si te gusta la honestidad de frente. En el mejor de los casos, los Sagitario ascendentes son personas que valoran la verdad. Es posible que no se den cuenta de esto sobre sí mismos, pero pueden ser bastante chismosos como un medio para obtener información. No les gusta estar en la oscuridad, lo que los hace sentir inferiores e inseguros.

Conclusión

Ahora has conocido un poco más a profundidad a los arqueros del zodíaco.

Si perteneces a este signo, probablemente no haya sido del todo placentero verte tan desnudamente al espejo y haberte tenido que enfrentar con esas fallas de carácter que siempre sospechaste que se encontraban ahí, pero nunca tuviste la voluntad, o el valor, de enfrentar. Sin embargo, también sabes que esto no es el fin del mundo. Existen muchas maneras en las que puedes volver a tomar las riendas de tu vida y corregir algunas de esas malas mañanas que has adquirido a lo largo de tu vida y que vienen de cajón con la influencia de tu signo solar.

. . .

Si te encontrabas en algún tipo de encrucijada laboral, ahora también has logrado investigar nuevas opciones de carreras que pueden ir más acorde con tus talentos naturales otorgados por los astros. Has descubierto por qué estás siempre en constante búsqueda del cambio y que esto no es necesariamente una falla de carácter, abordado correctamente y en ciertos aspectos de tu vida puede ser una bendición para mantener una dinámica que te haga sentir pleno y realizado.

También has mirado un poco más hacia tus relaciones y probablemente reflexionado sobre aquellos pequeños errores que pudiste haber cometido en algunas de tus incidencias románticas pasadas.

Quizá ahora entiendas mejor que el problema de comunicación que experimentaste, y que eventualmente llevó al rompimiento de la relación, pudo haber ido más allá de una simple renuencia a hablar, y a lo mejor más relacionado con la naturaleza fija, mutable, o cardinal tuya o de la otra persona. Los problemas de compatibilidad pudieron haber agravado mucho más esos problemas que parecían ser minúsculos. De la misma manera, ahora tienes acceso a un panorama más grande en esta área.

. . .

Ahora conoces un poco más de cómo se desarrolla la dinámica entre los diferentes signos y los Sagitario, las áreas de oportunidad que pueden presentarse, y las mejores maneras de esforzarse para que la relación funcione armoniosamente y, por qué no, llegue a formar un lazo que dure para toda la vida.

Si no perteneces a este signo, ahora tienes una mejor idea sobre cómo acercarte a ellos sin parecer entrometido o amenazante. Conoces sus mejores características y sus peores debilidades, lo que les gusta y les disgusta de ellos mismos y otras personas. Puedes entender mejor sus comportamientos aparentemente inusuales y sin sentido, y quizá hayas desarrollado una mayor empatía para con ellos y los retos a los que se enfrentan diariamente. Si tu intención era relacionarte con alguien nacido bajo esta casa del zodíaco, asegúrate que, además de lo mencionado en este libro, tomes en cuenta sus opiniones y comentarios. Recuerda que los Sagitario son individuos francos, y es importante tomar sus palabras como verdad y usarlas de referencia si lo que buscas es complacerlos.

Finalmente, espero que lo que hayas leído a lo largo de este escrito te haya ayudado un poco a encontrarte a ti mismo. Todos necesitamos un poco de ayuda de vez en cuando, y no hay vergüenza en buscarla en las estrellas.

. . .

Estos cuerpos han guiado a nuestros ancestros por siglos, y es nuestro turno de utilizar el conocimiento que nos han heredado para hacer el bien, sea propio o a otros. Espero que esto te sirva como base para investigar un poco más acerca de este místico arte de la astrología, y que hayas encontrado las respuestas a las preguntas que habías estado buscando.

www.ingramcontent.com/pod-product-compliance
Lightning Source LLC
LaVergne TN
LVHW021719060526
838200LV00050B/2759